MITOLOGÍA
ÁRABE

Plutón
Ediciones

SERIE
MYTHOS

MITOLOGÍA
ÁRABE

◇◇◇◇◇◇◇◇◇◇◇◇◇◇◇◇◇◇◇◇◇◇

JAVIER TAPIA

© Plutón Ediciones X, s. l., 2025

Diseño de cubierta y maquetación: Saul Rojas Blonval

Edita: Plutón Ediciones X, s. l.,

          E-mail: contacto@plutonediciones.com
          http://www.plutonediciones.com

Impreso en España / Printed in Spain

I.S.B.N: 978-84-10233-56-0
Depósito Legal: B-17861-2024

*Para mi amigo Omar Al-Rashid
por su extraordinaria
y mágica
hospitalidad.*

PRÓLOGO:
LA DIFERENCIA

*Aceptar nuestras diferencias
a menudo nos recuerda
que los seres humanos
somos terriblemente iguales,
y no suele gustarnos
esa ausencia de originalidad.*

SCHOPENHAUER

Cuando Javier (el Dr. Tapia) me pidió un prólogo para este libro de mitología árabe, me sentí halagado, y también un poco avergonzado, porque a pesar de ser árabe de nacimiento mi formación ha sido más británica que de cualquier otro lado, y a estas alturas de mi vida, trabajando en Barcelona, ya no sé de dónde soy realmente.

Me quedan las historias del abuelo, que en sus últimos años se vino a vivir a Londres a regañadientes, porque hubiera preferido quedarse en Riad, aunque de tan moderna tampoco le gustaba demasiado.

Esas historias, cuentos y leyendas tenían mucho de fantástico y misterioso, pero yo ya no era un niño cuando me las contaba, y, la verdad sea dicha, no le presté demasiada atención y hoy me arrepiento de no haberlo escuchado como debía.

La diferencia entre los que se quedan y los que se van, de los emigrantes y de los no emigrados, a menudo es mayor que la que hay entre personas de diferentes nacionalidades. Como emigrante, al menos en mi caso, perdí no solo los mitos y leyendas de mi infancia sino buena parte de mi identidad como persona, pues quería encajar entre mis compañeros de escuela ingleses, sin darme cuenta, en aquel entonces, de que los emigrantes éramos muchos y de distintas procedencias.

En mi colegio había indios, pakistaníes, españoles, italianos y uno que otro norteamericano, además de dos o tres árabes, quienes, como yo, intentábamos parecer más ingleses que los ingleses mismos.

Cuestión de inmadurez y de apariencia, porque los árabes éramos blancos y de ojos azules, verdes y hasta tornasolados, muy bien parecidos, a decir de las compañeras, y tan racistas como los ingleses, porque evitábamos juntarnos con los otros niños emigrantes.

Se supone que soy musulmán, pero, como mi padre, muy poco practicante y bastante pecador, respetando solo el Ramadán, más por higiene y salud que por motivos religiosos, y sin haber pensado nunca hacer el peregrinaje a La Meca. Un desastre.

Tanto querer parecer lo que no era, cuando los ingleses ni siquiera nos tomaban en cuenta y les daba igual nuestra procedencia. Incluso algunos se interesaban por nuestra cultura y países de origen, obteniendo muy parcas respuestas porque, como en mi caso, muchos ni siquiera sabíamos cuáles era las diferencias entre la vida en Londres y la vida en Bombay, de donde es Jay Tatsay, o la diferencia entre Riad y Manchester, porque no teníamos recuerdos claros de nuestras respectivas infancias, por mucho que el nombre nos traicionara, y no sabíamos qué decir cuando nos preguntaban.

Riad, entre lo moderno y lo tradicional.

No es que fuéramos enigmáticos ni misteriosos, lo que pasaba es que éramos jóvenes emigrados sin entender en qué consistía ser de uno o de otro lado del mundo.

Mis hijos saben más que yo de mi tierra natal, y eso que nacieron en Inglaterra, porque se han interesado por sus orígenes y por la cultura árabe, mientras que yo intenté durante años olvidarme del todo de esos aspectos.

Sí, estuve a punto de cambiarme el nombre varias

veces, como mis hermanos, para parecer más inglés, pero al final, no sé por qué, nunca quise hacerlo, total, con estudios y un buen empleo, además de una familia bien acomodada, no lo necesitaba para nada.

Hoy, que he leído el original de *Mitología árabe*, además de reír y de disfrutar con sus fábulas, me siento agradecido y, como escribí al principio, un poco avergonzado de mi propia ignorancia, aunque sentí verdaderos deseos de ser un árabe de verdad, un beduino nómada que viaja por los desiertos sobre un buen camello y la casa de campaña lista para ser montada en la noche, y, bebiendo un té humeante ante una buena fogata, escuchar las historias que se cuentan entre sí los caminantes, como las que contaba mi abuelo, con el Roc, esa ave gigante, robando a la princesa enamorada y llevándola por el aire hasta lo más alto de la montaña, donde su fiel amado irá a rescatarla aunque le cueste la vida intentarlo.

La muerte seguramente me esperará en Samarcanda, por más que quiera evitarla; y no encontraré la camisa del hombre feliz, porque el hombre feliz no tiene camisa alguna, ni seré el hombre que calculaba, por más que las estadísticas sean mi campo de trabajo; tampoco encontraré una lámpara maravillosa que me haga millonario, pero al menos recuperaré buena parte de esa increíble cultura que había olvidado, como la ha olvidado Occidente y solo la conoce de oídas y mal contada, llena de temores, xenofobia y prejuicios, o edulcorada por los personajes y las películas de Walt Disney.

En el mundo actual muchos perdemos la memoria de nuestra cultura ancestral simple y llanamente para adaptarnos a las modernas condiciones de vida, donde las fronteras se diluyen y la tecnología se impone, dejando de lado las tradiciones a cambio de otras opciones, algunas mejores y otras peores, como Netflix y las formas de consumo, donde la apariencia y los lugares comunes son la pauta de conexión, comunicación, crédito y aceptación social.

Sí, a pesar de la gran diversidad cultural que existe en este mundo, el pensamiento único occidental y eurocéntrico lo fagocita todo, anulando las diferencias, sobre todo las positivas, y borrando de la memoria los orígenes de cada cual.

Hay los que se niegan y se radicalizan por el camino de la violencia, como ha sucedido con Salman Rushdie, quien por escribir y publicar una novela mediana y de cierto sentido del humor a lo británico (*Versos satánicos*) ha sido perseguido y atacado, algo que desprestigia más a los árabes y a los musulmanes, sin devolverles la importancia de su cultura.

La exquisita cultura árabe dista mucho de radicalismos, como se puede leer en esta *Mitología árabe*, y vale la pena mantenerla viva, gozarla, compartirla y, sobre todo, no olvidarla por intentar encajar en un mundo occidental, no hace falta.

OMAR AL-RASHID

Introducción:
¿Qué es Arabia?

Todos somos ignorantes
en algún u otro sentido,
y nadie es ignorante del todo
si habla, piensa, come y siente;
con lo que la vanidad de saber
es del todo intrascendente.
Durkheim

Se puede decir que los árabes conquistaron física e intelectualmente medio mundo, y sin tener el crédito por ello, hasta que el islam los puso en el foco del orbe entero.

Los árabes originales, los beduinos, tampoco tenían grandes ciudades ni imponentes reinos, deambulaban y comerciaban entre mares y desiertos, ricos de bienes materiales y de conocimientos, que intercambiaban con el resto de pueblos, algunos civilizados y otros no, que se encontraban por el camino.

De esa particular manera de ser y de estar en el mundo, crearon sus leyendas más antiguas, sus mitos y sus creencias, su cosmogonía y su sentido de la vida, que se trasminó más tarde en la religión musulmana, formando una mitología de lo más fantástica que ha dado lugar a cientos de novelas, cuentos y películas para goce y disfrute de casi toda la humanidad.

Sin embargo, la antigua Arabia (e incluso la moderna) es una gran desconocida, y si algo sabemos de ella es a través de los filtros ideológicos e interesados de Occidente.

De hecho, ni siquiera sabemos lo que significa realmente la palabra "Arabia".

La palabra "arabia" puede provenir del idioma acadio en los inicios de lo que conocemos como civilización hace más de ocho mil años, incluso antes, o a la par, que la escritura cuneiforme y la imponente Sumeria de hace seis mil años, y que significa simplemente "desierto", pero no un desierto inhóspito o del todo muerto, pues al añadirle el sufijo "saudí" se convierte en "desierto afortunado", o desierto de la fortuna.

La palabra pasó del acadio al griego, y del griego al latín, hasta convertirse en la Arabia que todos conocemos como palabra, pero rara vez como historia y verdadera mitología.

La lengua árabe fue una de tantas lenguas semíticas de la región, como el arameo, el acadio, el hebreo y el lamelio, entre muchas otras, que utiliza las letras fenicias estilizadas para su escritura, de derecha a izquierda y de arriba hacia abajo.

Hay una lengua árabe clásica, como si fuera un latín de oriente, que ya casi nadie habla, y una lengua árabe moderna que hablan más de 20 países y cerca de 300 millones de personas en todo el mundo.

Algo similar pasa con su cultura y sus creencias míticas y religiosas, pues una cosa es la Arabia Clásica antes del islam, y otra muy distinta (aunque se base en la primera) Arabia Moderna a partir de Mahoma, pues lo que antes era acción libre de la tradición oral pasó a ser parte del islamismo, donde la figura de Alá no podía faltar para no caer en herejía.

Gente fanática y radical siempre ha habido, pero en el caso del islam ese radicalismo apareció esporádicamente durante las cruzadas, para aumentarse violenta y restrictivamente en el siglo XX.

Hasta entonces la cultura árabe era elevada y refinada en todos los campos de la vida, desde el comercio hasta las artes, y desde las ciencias naturales hasta las ciencias exactas; en el mundo árabe nace el algebra y posiblemente la geometría descriptiva (aunque después la tomaran para sí los griegos, como Pitágoras), buena parte de la observación astronómica y el arte de la medicina que los judíos llevaron a Europa.

Los árabes tenían fuentes perfumadas y de colores brotando en los oasis cuando en Europa aún no tenían el hábito de bañarse.

A nadie se le escapa que fueron grandes comerciantes, y que llevaron especias y metales a todo el norte de África, incluido Egipto, y al sur de Europa.

Son tradicionales sus aventuras marinas, tanto como sus caravanas que atravesaban el desierto, recorriendo lo mismo el Sahara hasta llegar a Marruecos, como toda la península arábiga hasta llegar a Bagdad.

Actualmente se les relaciona erróneamente con el terrorismo, cuando los Emiratos Árabes Unidos son de lo más tolerantes, sobre todo si los comparamos con Irak, Irán y Afganistán.

Sus particularidades geográficas y culturales, como el ser seminómadas, evitaron durante milenios la formación de Estados como los conocemos en Occidente, y a cambio de ello contaban con emiratos, sultanatos, pachás y reinos más o menos móviles, que se extendían más allá de la península arábiga, pero sin el afán de conquista y masacre que algunos les achacan, confundiendo a los árabes con los medas, los persas, los acadios y los mismos sumerios, así con los pueblos semíticos de la cuenca mediterránea, donde se encontraban los hebreos, los cananeos, los hititas y un sinnúmero de pueblos que se han mantenido en guerra desde hace más de ocho mil años y hoy en día siguen en conflicto bélico casi eterno.

No fue sino hasta el siglo VIII de la era común, ya con el islamismo en auge, que se volvieron un pueblo conquistador, para llevar la luz y el progreso al resto del mundo, afincándose durante ocho siglos en la península ibérica, hasta que los reyes católicos los echaron fuera.

Los califatos de Córdoba y Granada aún guardan parte del esplendor de aquella ocupación, y el idioma castellano ostenta más de 30 mil palabras de origen árabe.

Desde mucho antes, y casi sin guerras de por medio, le dieron nueva vida a El Cairo, en Egipto, así como a Libia, Argelia, Túnez y Marruecos, dejando su impronta cultural avanzada y el uso de su lengua.

Antes del islam, y a pesar de la extensión de la lengua árabe y la difusión de sus conocimientos en el mundo antiguo, la península arábiga (fuera de lo que hoy es Yemen y Omán) estaba muy poco ocupada, solo había pastores, caravanas, tiendas ambulantes con su pachá dentro dirigiendo las migraciones, beduinos y algunos oasis donde se hacían fuertes algunos grupos dispersos.

Desierto lleno de arena y vacío de gente.

En la antigüedad, y a pesar de los pozos de betún que se encontraban diseminados por el territorio, se podía adivinar la riqueza petrolífera que les traería el futuro, haciendo algunos de sus mitos sobre el "desierto de la fortuna", una realidad de abundancia para el mundo árabe.

Genios y gigantes extrayendo petróleo en Arabia.

Genios y gigantes hoyan actualmente las arenas y extraen el oro negro, donde quizá hace millones de años fue una selva repleta de dinosaurios, según algunas teorías, que al morir fueron dejando su sabia oscura para darle energía y suerte al mundo árabe.

Una fortuna que aún puede durar algunas décadas, porque, de pronto, las grandes potencias y los grandes capitales empiezan a apostar por energías "limpias", como si el hidrógeno, el material más abundante del universo, lo hubieran descubierto ayer y con ello su propia conciencia ecológica.

Algunos teóricos árabes ven en este "descubrimiento" una amenaza para el petróleo y la riqueza que genera, pues muy probablemente dejará de ser el motor energético del mundo dentro de cincuenta años, aunque la industria del plástico tardará algo más en decaer, pues los nuevos productos que intentan sustituirla van muy lentos y a las grandes potencias parece no interesarles demasiado.

Hubo una época en que al petróleo, al ser orgánico, lo contemplaron para convertirlo en alimento, además de en membranas de absorción y otras aplicaciones industriales en la industria alimenticia, como el famoso "arroz de plástico chino", que no árabe, capaz de sustituir a los cereales orgánicos.

Arabia tiene en su dieta básica precisamente a los cereales, arroz, cebada y trigo; así como legumbres como el garbanzo y las lentejas; y verduras de todo tipo, especias de todos los colores y sabores, y, sobre todo, carne de cordero y berenjenas, la famosa "planta huevo" que cura la diabetes, según dicen; y el petróleo no parece ser su sustituto, aunque nunca se sabe.

Uno de los mitos y miedos terribles del mundo árabe son los monstruos semihumanos (los hombres hiena) que comen personas, especialmente cadáveres, pero que no le hacen asco a los bebés rollizos e indefensos, ricos en manteca.

Muchos de sus mitos y costumbres son similares a las semíticas y de Oriente Medio, y otras son del todo originales y han permeado prácticamente en todo el mundo, gracias a obras como *Las mil y una noches*, que también tiene de todo un poco.

Un vasto territorio muy poco ocupado, pero una lengua y una cultura que trascienden fronteras gracias a su magia innegable y al islam, que va aumentando su influencia religiosa en Asia y África.

La península arábiga.

En resumen, que una cosa es la península arábiga, otra cosa es Arabia Saudí, otra más los Emiratos Árabes Unidos (al sur de la península, formados por siete países: Abu Dhabi, Dubái, Sharjah, Ras Al Khaimah, Umm Al Quwain, Fujairah y Ajman), sin faltar el mundo árabe (22 países que hablan árabe), que incluye a Egipto y llega hasta Marruecos, por un lado, y a Pakistán e Irak por el otro.

Su mitología, por lo tanto, es amplia y diversa, con un poco de cada región ocupada o circundante, que va desde la península ibérica hasta la antigua Persia y la India, y su toque particular, donde incluso el Corán se suma a algunos de los mitos y leyendas populares que tienen miles de años contándose a lo largo y ancho del desierto afortunado.

Hay un antes y un después de la instauración del islam.

Pero también hay un antes y un después de la ocupación inglesa.

Y hasta un antes y un después de la incursión del Estado de Israel (donde también se habla árabe), y de la ocupación y masacre continua sobre el pueblo palestino, al que se le sigue negando en la ONU ser un Estado libre y soberano, como si el resto de los pueblos de la zona hubieran sido Estados desde siempre, cuando la mayoría de ellos se formaron hace apenas setenta años, por muy milenarios que fueran como etnias.

No, Arabia no es el Occidente eurocéntrico, ni tampoco el Oriente budista y mucho menos el comunista, y ni siquiera el Oriente próximo de lo que antes fue

Persia o el Imperio turco otomano, o Sumeria, sino Arabia, o Arabia Saudita, con sus propias leyendas y mitologías, y su particular cultura, como lo veremos más adelante, llena de magia y fantasía, e incluso de amor y erotismo, y de los más curiosos mitos y leyendas.

Espero de corazón que sea de su agrado.

I

DEIDADES ÁRABE-BEDUINAS

*La hospitalidad
no es una obligación,
es un placer
que nos abre las puertas
del universo.*

PROVERBIO BEDUINO

Cuando se habla de la mitología árabe, en cierta manera se hace referencia a los árabes originales, los beduinos, que fueron y siguen siendo los valientes y hospitalarios pobladores del desierto arábigo, fuente de mitos, leyendas, monstruos, genios y dioses.

Nómadas y seminómadas desde hace miles de años, siguen recorriendo las dunas y los oasis que hay en la península arábiga, montando y desmontando sus casas, a bordo de sus camellos (y algunos caballos), cargando con su vida en las alforjas.

Muchos de ellos se han acomodado en una que otra ciudad, pero a menudo regresan a la libertad de sus senderos.

Saben cómo guardarse del calor del día y del frío de la noche, dónde y cómo encontrar alimento, y no han dejado de comerciar con los pueblos por donde pasan.

Beduina de hoy, al calor del desierto.

No hacen ruido ni molestan a nadie, viven apartados del mundo moderno al igual que lo hicieron del mundo antiguo.

Por mucha admiración y romanticismo que despierte su forma de vida, son muy pocos los que se atreven a seguirlos, a pesar de las películas de Rodolfo Valentino que animaban a hacerlo.

Algunos tienen jeques bien constituidos, pero otros viven en completa libertad y su único código es el respeto y la hospitalidad, y prefieren morir de pie que vivir de rodillas, como bien lo saben todos aquellos que han querido dominarlos.

Sus desplazamientos no solo se circunscriben a la península arábiga: es habitual verlos en el desierto del Sahara, donde montan sus campamentos.

Campamento beduino.

Los beduinos (gente del desierto) son, en suma, su propia leyenda, y de ellos parte la mitología árabe original, a través de la tradición oral y de algunos estudios que se han hecho sobre sus comunidades.

No cabe duda de que la expansión árabe del siglo VII, junto con la del islam, los hizo más notorios, pero en realidad no se sabe desde cuándo han alternado con los bereberes y los otros pueblos del norte de África.

LAS CREENCIAS BEDUINAS

Durante miles de años los beduinos eran más o menos animistas, pues veían divinidades en los árboles, el agua, los oasis, algunas piedras del desierto que para ellos eran mágicas, en los silencios y sonidos del viento en los desiertos, en espíritus malos y benéficos, y, por supuesto, en los genios que podían traer la fortuna o la desgracia a quien se topara con ellos.

Hay varios grupos beduinos y no todos comparten las mismas creencias.

Algunos grupos siguen siendo animistas y no tienen intención alguna de cambiar sus creencias tradicionales.

La mayoría pasaron del animismo a tomar en cuenta dioses de las diferentes regiones que visitaban en sus largos peregrinajes por el desierto, desde Persia hasta Siria, y desde el Líbano hasta Marruecos, pasando por Egipto y todo el mundo semítico y de la cuenca mediterránea, y los sincretizaron con sus creencias.

Otros abrazaron el islam con todas sus fuerzas y cumplieron con las órdenes de Alá, guardando la solidaridad en el matrimonio, no bebiendo ni comiendo cerdo, realizando sus oraciones diarias orientados hacia La Meca, donde peregrinaban frecuentemente por sus negocios, y luego por sus creencias, pero no dejaron del todo de creer en sus antiguas supersticiones, como hacen otros pueblos del desierto en una mezcla de dioses y de creencias, creando un sincretismo animado y festivo.

Algunos de los beduinos seminómadas y más o menos sedentarios (que también los hay) suelen ser musulmanes sunitas, que durante mucho tiempo fueron los más avanzados y tolerantes de los musulmanes, demócratas a la hora de elegir a sus imanes y gobernadores, o representantes, pero que desde hace un poco más de cincuenta años se han venido radicalizando y hasta enfrentando con otros musulmanes que, según ellos, no siguen la tradición islámica.

Los primeros beduinos en abrazar el islamismo lo hicieron por seguir a Mahoma, sin más, pero entre los musulmanes, nada más morir Mahoma, se dividieron en tres ramas: suníes, chiíes y jariyíes.

Los sunís son el 90% de los musulmanes, seguidores del suegro del profeta, Abu-Bkr, por parecerles el más cercano a la ley a pesar de ser un rico comerciante.

Los chiíes se decantaron por Alí, primo y yerno de Mahoma, con solo un 8% de fieles, aunque muy rijosos cuando hace falta.

Y los jariyíes, que apenas llegan a un 2%, los más abiertos y tolerantes en nuestros días, libertarios y con pensamientos que algunos consideran fuera de la ley, como que todo creyente tiene derecho a ser jeque o califa, y a poseer grandes placeres y riquezas sin tener que esperar a morirse.

Se puede decir que hay beduinos en todas las ramas del islam, incluso en el sufismo, que ha pasado de ser una especie de islamismo esotérico, con sus famosos derviches bailarines, a ser una especie de secta apartada de todos y de todo, y a la vez unida a religiones asiáticas como el zen o el tao, pero atractiva en cualquier caso.

No faltan los beduinos, aunque muy pocos, ateos o creyentes de cualquier otra religión o movimiento esotérico de las regiones que recorren, desde el judaísmo hasta el cristianismo, e incluso mezclándolas todas, y sin dejar sus creencias antiguas, tradicionales y más o menos originales.

La danza sufí de los derviches.

Así como han recibido toda clase de influencias míticas y legendarias, los beduinos también han influido en las creencias ajenas, incluso en el islam, donde los genios y algunos demonios fueron adoptados en el Corán.

DEIDADES ÁRABES-BEDUINAS

Dentro de las comunidades beduinas anteriores a las dataciones del islam y de nuestro tiempo, el Sol no era una deidad relevante, sino más bien hiriente y molesta, muy inferior a la Luna, que daba cobijo con sus sombras y era guía nocturna cuando estaba llena, toda una deidad benevolente.

Hablar de un solo grupo de beduinos es prácticamente imposible, pues son varios y diversos, por lo que nos vemos en la obligación de generalizar a pesar del dicho sociológico: "Todas las generalizaciones son falsas, incluida la presente."

Sin embargo, existen denominadores comunes entre las personas del desierto, como el respeto a los demás, la hospitalidad, la independencia, la libertad y la armonía vital.

Los beduinos, como la gente educada y hospitalaria que eran, escuchaban las creencias de los pueblos con los que comerciaban, pero no contaban apenas las propias más allá de las leyendas y los cuentos milenarios del desierto, y así evitaban conflictos y disputas por unas palabras; evitaban el proselitismo religioso, y ni se dejaban influenciar ni pretendían influenciar a nadie, entre muchas otras cosas, porque muchas de esas creencias eran más o menos compartidas y lo único que cambiaba de región en región era el nombre, por ejemplo, Ra en Egipto, y Malakbel en Siria, para referirse a la divinidad solar.

Sus divinidades, que provienen de todo Medio Oriente y del norte de África, y al menos las que han llegado hasta nuestros días, son las siguientes:

-Allah-Taala, divinidad, o divinidades creadoras, del mundo y su contenido, propio de las zonas pedregosas del desierto (Arabia Pétrea), muy anteriores al islam. Señor de la siembra y de la agricultura de paso, de la fertilidad del rebaño y protector de los camellos. Dios como nosotros, para algunos; Dios Señor de todos los dioses, para otros, pero en ambos casos sin apariencia física, todo luz y todo espíritu.

Al-lat, señora de la tierra.

-Al-lat, hija de Allah-Taala, porque si bien el dios de dioses no tenía apariencia física, sí tenía esposa, hijos e hijas (por lo menos tres) que representaban a Venus, una como lucero de la mañana, otra como lucero del atardecer, y otra intermedia, Al-lat, señora de la tierra, milagrosa, protectora de las mujeres y del comercio, del consejo sabio y de la toma de decisiones, intercesora entre el cielo y la tierra; reconocida y adorada en muchos pueblos, incluso los griegos primitivos, como Venus, Afrodita, Ishtar, Atenea y prácticamente todas las grandes diosas de la antigüedad.

-Aglibol, deidad masculina que habitaba en la luna, de origen sirio, que era acompañada por las estrellas, incluso por el sol, y que tenía un aspecto humano, por lo que además se encontraba entre los seres guías, creadores y maestros de la humanidad.

En la mitología árabe, la luna es hogar de varios dioses, más que ser una deidad en sí misma, porque su divinidad es incorpórea, madre del calendario y de los ciclos, señora de las cuentas y de las mareas, un ser difuso, diverso y espiritual, incluso antiguo hogar de los primeros seres humanos, según algunas leyendas, donde eran una especie de mascotas (o sirvientes) de los dioses.

Aglibol, el dios lunar sirio-beduino.

Todos los dioses lunares, incluido Aglibol, suelen ser representados como guerreros celestiales, espada en mano, dispuestos a luchar por proteger y preservar al planeta, y a los seres humanos de paso.

-Al-Qaum, el protector, dios de la guerra y de la noche sin luna, guardián de caravanas y conductor en la oscuridad. Puede ser del todo una deidad original de los antiguos pueblos beduinos, quizá emparentado con otros dioses similares, como el Ares griego, pero más adecuado a la vida en el desierto donde las guerras eran tribales o de defensa ante los salteadores de caminos, más que señores de ejércitos, conquistas o guerras más severas.

-Amm, dios de la luna, el clima y el rayo, señor de las tormentas y de todo lo que viene del cielo, comparte escenario con Aglibol, y, según la teosofía, es uno de los Pitris que tuvieron a los humanos como mascotas en la luna, hasta que aprendieron a ser personas y superaron su animalidad.

-Dhu'l-Halasa, divinidad de los oráculos, las profecías y la adivinación, posiblemente de origen yemení, quien, como otras divinidades semíticas, no tiene cuerpo ni forma y está representado por una enorme piedra blanca. A pesar de ser una piedra, tenía la facultad de hablarle a los hombres y de rebelarles su destino.

-Hubal, otra divinidad lunar, adorada sobre todo

por los beduinos de Kaaba, hoy La Meca, de raíces semíticas y más cercano al dios Baal que a Enkil, Jehová
o Alí (Alá), y considerada deidad de las cosechas y de
las mareas, e incluso de la concepción y de la maternidad, tanto como de la belleza y virilidad masculina.

-Dushara, deidad de origen sirio nabateo, de culto
muy extendido y considerado el señor de las montañas y de las altas dunas, posiblemente nieto de Allah
(el Alá anterior al islam), pero seguramente hijo de
Al-lat, que concede toda clase de peticiones y deseos
a cambio de donativos para sus templos y de holocaustos o sacrificios de animales. También es considerado el señor del buen comercio.

Dushara, señor del buen comercio.

Todo lo que fuera intercambio, trueque, negocio o cambalache estaba bajo su égida, incluso si la ganancia era mucho mayor que la inversión, o de plano un fraude, engaño, broma, picardía o pillería comercial, como cuando le dicen a un extranjero que le cambian a un camello, que vale mucho, por su mujer, que no vale tanto, carga poco y habrá que alimentarla, para hacerle un favor.

Malakbel, el mensajero de Baal.

-Malakbel, el mensajero de Baal, ser de luz o deidad solar en sus inicios, y hasta ángel guardián del infierno tras la aparición del islam, siempre al cuidado o servicio de los demás, amable, noble, generoso y bondadoso, pero sin una gran jerarquía entre los dioses, por lo que se le compara más con Hermes (Mercurio) y con Apolo (Helios) que con Ra.

Se le pedía y se le oraba para que Baal intercediera en favor del peticionario, como se le reza y pide actualmente a los diversos santos, porque por sí mismo poca cosa podía hacer por los seres humanos, aunque les tenía afecto y los acompañaba en su dolor y en su desesperación siempre que podía.

-Manaf, posiblemente señora de la fertilidad femenina, llamada la "estatua que era acariciada por las mujeres" para recibir sus dones, a menos que estuvieran menstruando y, por tanto, estuvieran sucias, cosa que molestaba tanto a la deidad que podía maldecir a la mujer menstruante que la tocaba con la esterilidad eterna.

Manaf, la piedra santa.

Se cuenta, sin verificación posible, que muchas mujeres la tocaban para pedirle no quedar embarazadas más que para solicitarle nuevos hijos, con lo que además se le conocía como la deidad de las cortesanas desde Kaaba hasta Marruecos.

-Manat, la temida señora de la muerte y del destino, protagonista de diversos cuentos y leyendas preislámicas, siempre está al acecho y siempre está presente, porque es el destino final de todos y de todas, y no puede evitarse, aunque en algunas fábulas no falta el beduino que la engaña y se salva de sus garras.

Manat, ¿precursora de la santa muerte?

No tiene cuerpo ni forma, aunque algunos dicen que es una mujer morena muy hermosa y que el verla, en lugar de temor, te llena de calma, y te dice si ha llegado o no ha llegado tu hora; otros la veneran en forma de gran piedra negra.

Tiene seguidores de todas clases, pero es especialmente adorada por brujos y seres marginales, asaltantes, ladrones y limosneros, de traficantes y de contrabandistas, pero nunca de traidores ni de los que faltan a su palabra de honor.

Algunos libaneses, afincados en Latinoamérica, dicen que Manat es la precursora de la santa muerte, patrona de los desheredados y de los delincuentes. También hay quien la equipara a las terribles diosas mesopotámicas, como Ishtar o Lilith, el oscuro poder femenino que se rebela y conduce al más allá.

La divina presencia de Quzah.

-Quzah, el arquero celestial, señor de las lluvias y las nubes, adorado por las tribus beduinas del norte de Arabia, y de posible origen Edomita, el pueblo anterior a la creación de Adán y Eva, vecino del Paraíso Terrenal, y acogedor de Caín tras el asesinato de

Abel; antiguo entre los antiguos, señor del arcoíris, más cercano a la Tierra que las habitaciones celestiales de los dioses, pues su cielo es el que vemos a simple vista, sin más misterio que su aplastante belleza.

-Uzza (la gloria y la tercera hija de Allah), y que, con Manat y Al-lat, conforman la santísima trinidad femenina de los beduinos, con las dos posiciones de Venus visibles, y otra posición (Manat) invisible.

Uzza era un diosa fría y distante, hermosa y pagada de sí misma, muchas veces intratable, cruel y dura, como una de tantas esposas, a la que solo la conmovía la entrega y sumisión total, además de los sacrificios de sangre, tanto humanos como animales, y el poder y la gloria que obtuviera el creyente.

Petra, el santuario de Uzza.

Nada de medias tintas ni de medias verdades.
Nada de detalles ni de romanticismo.

Nada de adorar a otras diosas.

Uzza, la única, la celosa, la posesiva, pero también la que era capaz de los más grandes prodigios y de los milagros más increíbles, según las tribus beduinas que la adoraban principalmente en Petra o en el oasis de Najla, en el centro del desierto.

-Wadd era la divinidad beduina del amor, protector de las parejas, los amantes y los enamorados, independientemente de su sexo o condición.

Su aspecto de hombre maduro y ataviado como soldado no impidió nunca que se le considerara el Cupido árabe.

El amor y el sexo en los tiempos preislámicos eran algo diferentes a lo que son ahora, y no porque fueran tolerantes, sino porque no hacía falta tolerancia alguna debido a las pocas restricciones que había con respecto a todo tipo de relaciones.

Las mujeres eran bastante libres de tener relaciones con quien quisieran, aunque debían ser discretas si ya estaban casadas, por lo que algunas eran infieles pero no adúlteras, que aunque pueda parecer lo mismo, para el mundo beduino antes de Alá no lo era, pues lo que importaba era mantener el linaje y las relaciones de parentesco, que era en lo que se basaban las tribus para mantenerse cohesionadas, y no la supuesta moralidad de las relaciones sexuales.

Por ejemplo, y como en algunas tribus bereberes, robarse a una mujer, incluso si estaba ya casada, no era delito, si bien el marido ofendido tenía derecho a buscar venganza o a robarle la mujer al prójimo.

En muchas tribus la mujer era la que elegía al hombre que deseaba para marido o amante, mientras que los hombres esperaban ansiosos a ser escogidos.

También había matrimonios concertados entre jeques, donde había intercambio de regalos y la mayor dote la ponía el más rico o el más interesado en la alianza matrimonial; donde los esposos se casaban, además de entre ellos, con la familia entera de su pareja, y a veces el matrimonio con una se convertía en un matrimonio con tres o con cuatro, ya que las hermanas no podían quedar desairadas.

Los matrimonios entre un anciano y una persona joven, o muy joven, que más tarde practicaría el mismo Mahoma, no estaban mal vistos y mucho menos perseguidos. En Siria las novias de ocho o seis años son frecuentes y nadie se espanta por ello, aunque en Occidente es uno de los peores actos que se puedan cometer.

Niñas "listas" para casarse.

Entre los beduinos también había matrimonios a edades muy tempranas, y un joven podía casarse con una adolescente que acababa de menstruar por primera vez, y que por eso ya era "toda una mujer", quizá de diez o doce años, pero "toda una mujer" lista para procrear una sólida y extensa familia.

Los famosos bailarines preadolescentes, los efebos que deleitaban a los hombres adultos de diversas edades, eran habituales en casi todo Oriente Medio, cuenca mediterránea y norte de África, y algunos terminaban unidos a un jeque pasando a formar parte de su serrallo o harem.

Por supuesto, una cosa eran los matrimonios formales con el fin de tener descendencia, crear tribu, grupo o familia, y otra muy distinta las uniones libres, pactadas, homosexuales, pederastas o del tipo que fuera que Wadd patrocinaba.

Prostitutas, madres solteras y viudas no eran perseguidas, sino protegidas y a veces hasta admiradas, y sí, la violación, como apuntara Michel Foucault, era una forma de relación amorosa que a veces terminaba en matrimonio formal.

Como en Babilonia o en Chipre, las jóvenes podían practicar el sexo con diversos amantes, sobre todo extranjeros, ya por hospitalidad o por simple gusto, y solo tras un matrimonio formal se volvían más recatadas, y no porque el sexo estuviera prohibido, sino por las responsabilidades propias de la maternidad.

El matrimonio infantil donde la mujer era adulta y el consorte un niño tampoco era extraño, y en ciertas regiones del mundo árabe se sigue practicando.

La poliandria, o el matrimonio de una sola mujer con varios hombres, no era habitual, a menos que las mujeres ricas y poderosas, hijas de Uzza, contaran, además de con su marido, con su propio harem de servidores.

Todas estas formas de amor estaban bajo la protección de Wadd, que intentaba la armonía entre las partes y alejaba los celos, los conflictos y las venganzas, que también eran habituales en los terrenos del Cupido árabe.

En el mundo semítico antes de las grandes religiones, como el judaísmo, las represiones sociales eran escasas, y sus normas con respecto al amor y al sexo menos falaces y mucho menos timoratas.

AMOR BEDUINO

Los amores, como la viruela,

también se pasan,
unos dejan cicatrices visibles,
otros ronchas, costras, nada,
y otros tantos heridas invisibles,
corazones rotos, traumas,
almas cobardes
que ya nunca se levantan.

Misterios del alma humana
casi cartesianos,
pues el sentir y las emociones se cosifican,
y el placer y el dolor van de la mano.

Luego está eso, realidad o pretexto,
de no encontrarle más sabor
al roce o a los besos,
y todo porque ciertas ideas y conceptos
son inalcanzables para ciertos cerebros:
alimento del orgullo,
placer pueril del ego,
el poder compartir algo más
que el reducido idioma de los necios:
clichés, iconos, falsos sentimientos,
creencias de subasta,
mediocridad de ensueño,
y luego nada, ni pasión ni sexo,
amor pacato de leyenda mala,
de peor cuento, de fútil inhibición,
de pose o miedo,
sin que se queden a un lado
ni las exigencias ni los celos.

No, gracias, ese amor no lo quiero,
prefiero la pasión simple y animal
de algún encuentro,
que al menos por un breve instante
sea eterno, claro y sincero,
y luego nada,
porque el amor como la gripe, pasa:
¡sácame de tu corazón,
odio el encierro!

El amor, sobre todo el familiar y de linaje, era una cosa; el amor sexual, otra.

Las tribus eran de orden patriarcal, porque era un patriarca quien las gobernaba, pero ese patriarcado no eliminaba de la vida social y laboral a las mujeres, si no sus divinidades principales no serían las tres hijas de Allah, Al-lat, Manat y Uzza.

En los primeros tiempos del islam tampoco fueron reprimidas ni obligadas a usar el burka o el velo, de hecho, el islam no se radicalizó y oprimió a sus mujeres, con el pretexto de protegerlas, hasta los años sesenta del pasado siglo XX, con el Ayatolá Jomeini a la cabeza de la radicalización, que las tribus beduinas que quedan no han seguido tan fielmente como lo hicieron cuando Mahoma inició la difusión del islam, un verdadero éxito de Medio Oriente durante siete siglos, por lo menos.

II

Cosmogonía antes de Alá

*Comparados con los gusanos,
los hombres pueden
considerarse dioses;
y, comparados con los dioses,
pueden considerarse
algo menos que gusanos.*

Proverbio árabe

Mucho antes de que el islam hiciera acto de presencia, y de que Mahoma mandara a destruir santuarios y templos dedicados a un sinnúmero de dioses, los beduinos, que son los verdaderos y originales árabes, o gente del desierto, tenían una visión cosmogónica del mundo, donde no había un solo dios y sí muchos seres, monstruosos o no, que habitaban el mundo en general y el universo desértico en particular.

El verdadero mundo era el desierto y el hombre había brotado de la arena, como las piedras, como las serpientes, como las arañas, como las hienas. Nada de creación divina.

Los oráculos predecían con mayor o menor éxito

el futuro, pero no había más destino que el último aliento.

Las estrellas marcaban los caminos entre montañas, oasis y dunas, y la luna, tan cambiante, fuente de leyendas y secretos.

Vivir en la maravillosa libertad del desierto, con las estrellas al alcance de la mano y la inmensidad de los terrenos, que al final siempre se recorrían, era un espectáculo cotidiano, y no había dios ni humano que pudiera abastar ese universo.

No había grandes jerarcas que mandaran sobre todas las tribus, cada tribu se mandaba por sí sola, aunque de vez en cuando había alianzas, tanto matrimoniales como de ruta o comerciales; ni grandes ciudades, aunque empezaron a surgir asentamientos, primero temporales, luego más fijos, donde los algunos beduinos se hicieron seminómadas, primero, y sedentarios después, que se fueron apartando de la libertad y la independencia sin apenas darse cuenta; tribus aún, pero ya encorsetadas tras las murallas de Kaba o Jericó.

Hoy en día hay federaciones y confederaciones, Emiratos Unidos y Arabia Saudita, pero el sentido tribal y de linaje sigue prevaleciendo, añorando siempre la libertad, la honradez, la autonomía y la dignidad del beduino.

La imaginación en el desierto corre libre, y en las ciudades se encierra un poco; en el desierto fluyen las historias de monstruos y de fantasmas; y en las ciudades se convierten en cuentos lejanos y exóticos que vienen en los libros.

Monstruos preislámicos

Cuentan las leyendas beduinas que antes de que los hombres hoyaran las arenas y las piedras de Arabia, Ghoul, el demonio del desierto, vagaba por todo el mundo con un hambre atroz, pues no tenía nada que llevarse a la boca.

Cuando los hombres aparecieron, por fin tuvieron disponibilidad de alimento, aunque los hombres se defendían, y por eso los Ghoul se fueron apartando y escondiéndose en los cementerios, donde la carroña estaba asegurada sin que nada ni nadie les opusiera resistencia.

Si no había carroña disponible, el hambre los obligaba a acercarse a los campamentos en busca de rollizos bebés, descuidados momentáneamente por sus madres, para satisfacer su desmedido apetito.

Los Ghoul no estaban vivos ni muertos, pero podían aniquilarse con las espadas y con el fuego, por eso, cuando un bebé desaparecía, se organizaban batidas para encontrarlos y destruirlos, por lo que cada vez se volvieron más astutos y discretos, tanto, que ya es muy raro encontrarlos.

Algunos aseguran que siguen ahí, escondidos entre las rocas o bajo las arenas del desierto, cobardes y temerosos, pero siempre al acecho de carne muerta, bebés o ancianos enfermos que no puedan hacerles frente.

Lovecraft (en el *Necronomicón*) y Tolkien (en el *Señor de los anillos*) hacen recuento de los Ghoul en sus ficciones, como seres malditos que practican los más horrendos rituales y forman terribles y temibles ejércitos.

Para los beduinos no son cosa de fantasía y aseguran que, si bien son sucios y cobardes, cuando caes en uno de sus pozos son tantos que te devorarán vivo a pesar de sus miedos, por lo que más vale no aventurarse solo, o poco pertrechado, en algunas regiones malditas del desierto.

Los Ghoul, monstruos del desierto.

GENIOS

Otros seres que no estaban ya en el mundo antes de que el hombre apareciera sobre la faz de la Tierra son los genios (Yinn), que no son ni dioses, ni ángeles ni demonios y mucho menos humanos. Mágicos y poderosos, a veces malvados, como Ifrit, o a veces más o menos buenos, como Marid, pero nada recomendables en todo caso.

Para algunos, Marid es el genio del agua y de las profundidades, soberbio y orgulloso. Desdeña a los débiles y pusilánimes humanos, que a falta de valor y de destreza siempre necesitan del amparo de los dioses.

Pocas veces se aparece a los hombres, y a veces lo hace por accidente entre aguas turbulentas o tras un fuerte terremoto que sacuda la Tierra.

En algunas leyendas se cuenta que vive en el fondo del mar, donde tiene sus lujosas habitaciones y toda una población de genios menores que le sirven tanto de esclavos como de guerreros.

Se le suele describir como gigantesco y de color azul oscuro, o fosforescente, dependiendo de su estado de ánimo.

Atrapado o reprimido por el Rey Salomón, cuentan otras leyendas, a veces concede tres deseos a quien lo libere, pero ni aún así hay que caer en sus redes, pues es tramposo y no cumple exactamente lo que se le pide, o bien los humanos son tan torpes que no saben lo que quieren y, a menudo, que se les cumplan sus deseos solo les trae las peores desgracias, como aquel que pidió ser un gigante y se ahogó con su propio peso.

Unos hablan de un solo Marid, grande y poderoso, y otros hablan de los Marids, o diversos genios más o menos poderosos, atrapados en lámparas de aceite, ánforas de cristal o pozos subterráneos.

Ilustración medieval de un genio.

Como a algunos devas hindúes, los iguala el color azul de su piel y su capacidad, una vez libres, de transformase en cualquier cosa, animal o persona.

En los deseos que conceden, como en todo deseo que tiene el ser humano, hay trampa, por lo que se debe ser muy cauteloso y hasta sabio a la hora de pedir, pues las consecuencias de los deseos solicitados y cumplidos pueden traer problemas, como aquel que pidió ser millonario sin tener en cuenta los impuestos del califa y la obligación de declarar de dónde había sacado los tesoros, pues estos podían ser producto de un robo, y, al no poder demostrar el origen lícito de sus nuevos y abundantes bienes, acabó en una mazmorra y completamente pobre.

Eso sí, el califa, sin pedir nada, se hizo más rico gracias al genio.

Los genios no son ni malos ni buenos, pero carecen del sentido de moral y necesidad que tienen los hombres, porque son casi inmortales y nunca tienen hambre, ni dolor ni sueño, aunque comen, se quejan y duermen intensamente.

No necesitan nada, porque lo tienen todo, y a veces actúan más para no aburrirse que para atribuirse una maldad o un crédito.

Aunque no les gusta reconocerlo, los genios algo tienen de humano, pues los hay hombres y mujeres, e incluso andróginos y afeminados, capaces de reproducirse entre ellos y con los seres humanos.

Los hijos semihumanos de los o de las genios a veces tienen poderes y son especialmente atractivos, pero también pueden ser poco agraciados, azulados o de un humor y comportamiento que hace que la gente "normal" los rechace.

De una u otra manera nunca son tan poderosos ni milagrosos, ni se pueden convertir en cualquier cosa, como sus padres o madres genio.

A lo largo del desierto, sobre todo en la parte oriental que da al golfo Pérsico y se acerca a las tierras de la India, se puede ver a sus descendientes, nietos y biznietos, de un color azul tan oscuro que parecen negros, de facciones más o menos regulares pero con los ojos desmedidamente grandes y algo tímidos, que ni siquiera sospechan quiénes fueron sus ancestros.

Muchos genios de la facción Marid tienen nombre propio, pero otros prefieren no tenerlo y piden que se les llama simplemente Yinn, o genios, sin más apelativos para reconocerlos, pues cuentan que aquellos que saben tu verdadero nombre pueden dominarte cuando quieran, como le pasó a Ra con Isis; el nombre verdadero de los genios, los ángeles, los demonios y hasta de los mismos dioses debe ser un misterio para los hombres (tan ambiciosos y codiciosos) y guardarse siempre y para siempre en secreto.

Ifrit, el genio infernal

Cualquier parecido con Satanás, Lucifer, Luzbel, Moloch, Mefistófeles o Baal (o cualquier otro ángel, demonio o similar) es pura coincidencia semítica, que aparece tanto antes de Alá como después de Alá, en las leyendas de la mitología árabe, por lo que los beduinos lo tienen muy en cuenta.

Se dice que Ifrit, aunque puede transformarse en lo que desee y tener el aspecto más hermoso e impactante del universo, prefiere mantener su cariz fiero, amenazante y poco estético.

Quizá no sea tan poderoso como Marid, pero sí más poderoso que todos los seres que habitan la Tierra.

Es un genio del aire y de la tierra, y en algunas ocasiones del fuego, pero no del agua, a la que más o menos detestan.

También detestan a los dioses, pero, sobre todo, detestan a los asquerosos y repugnantes seres humanos por viles, aviesos, pusilánimes, cobardes ante los poderosos, violentos ante los débiles, indignos, mentirosos, sucios, de malos y viles pensamientos, bajos actos y emociones pecaminosas, tan hipócritas cuando quieren quedar bien como descarados cuando se saben impunes y arropados.

Ifrit, el genio del mal.

Ifrit es uno y es millones de genios, pues de él se desprenden y se manifiestan los males y los bienes, porque así como hace el mal y orilla al infierno, también es capaz de hacer el bien a quien a él se le antoje.

Anterior a los dioses y a los humanos, le molesta que le digan que ha sido creado, porque los primordiales son eternos y no necesitan ser creados para ser, estar y existir, por más que las religiones quieran inventarlo.

Su lugar predilecto es el infierno, pero no por o para castigar a nadie, sino porque le gusta estar en las entrañas de la Tierra y al calor del fuego interno, porque las temperaturas del desierto le parecen gélidas.

No suele conceder deseos, y mucho menos si se lo piden, aunque de vez en cuando hace regalos a los que menos se lo esperan por puro capricho personal.

COSMOGONÍA BEDUINA ANTES DE ALÁ

Hay poca información contrastable de las creencias de los diversos pueblos beduinos, y lo poco que ha llegado a nuestro tiempo ha sido vía leyendas y costumbres de tribus como los bereberes (que alguna vez fueron beduinos, o viceversa); no se sabe qué tan antiguos o modernos sean para responder a preguntas como ¿de dónde salieron los seres humanos?

Los beduinos no creían que sus dioses hubieran creado a la humanidad, si bien la molestaban con las desgracias o la guiaban en algunos momentos y etapas, por lo que el origen de la humanidad queda velado y expuesto a todo tipo de teorías más o menos esotéricas muy posteriores, que quizá no tengan nada que ver con los hombres y las mujeres del desierto.

Por ejemplo, y dentro de las interpretaciones teosóficas, los seres humanos que conocemos no nacieron en la Tierra, sino que son cultivos de razas humanas anteriores, como los lemurianos y los atlantes, que prácticamente se extinguieron por sus propios pecados de soberbia e inmentalidad, por lo que se evacuó a los pocos que quedaban y se les llevó a otro planeta.

Las destrucciones mitológicas que ha sufrido la Tierra con extinciones masivas, cambios climatológicos bruscos y serias amenazas para la supervivencia de la especie humana también tienen lugar en las ciencias paleontológicas, aunque de una manera menos fantasiosa, por lo que no sería nada extraño que las leyendas tuvieran bastante de verdad a pesar de sus fantasías.

Las mitologías nos dicen que incluso los antiguos seres humanos pudieron haber convivido con los dinosaurios y con otras especies que han desaparecido, aunque la cronología diga lo contrario. Si se trata de mamíferos placentarios, como los humanos, sí hay pruebas de convivencia con los últimos dinosaurios hace setenta millones de años.

En cierta forma, y sin faltar a la verdad, los mamíferos placentarios ya eran protohumanos, pues de ellos descendemos, y durante las distintas extinciones bien pudieron ser evacuados para ser salvados, y hasta mejorados genéticamente, como se insinúa en la mitología sumeria, e incluso en la judeocristiana, porque eso de sacar de la costilla de Adán a Eva suena a clara ingeniería genética de clonación; como lo de embarazar vírgenes sin tener sexo con ellas suena a reproducción asistida o inseminación artificial, como desde hace miles de años se hacía con las vacas y los cerdos sin necesidad de que el semental montara a las hembras.

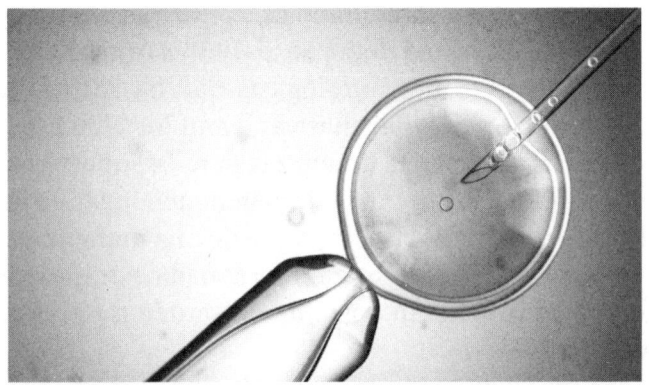

Inseminación artificial, ¿la fuente divina?

Es muy posible que aquellos a los que se les llama "dioses" no fueran más que gente de una civilización avanzada que nos protegió de la extinción desde que éramos simples animales, simios, mamíferos placentarios, con una inteligencia animal que no sabía cocinar, manejar el fuego o sembrar, cosas que todos los seres humanos de todo el mundo saben hacer sin tener contacto entre ellos.

¿Quién nos enseñó?

¿Cómo se nos ocurrió a todos lo mismo en lugares y tiempos lejanos y diferentes?

¿De dónde sacaron unos y otros la idea de la construcción?

¿De dónde se les ocurrió a todos utilizar a los dioses como pretexto de legitimación para gobernar a un pueblo?

Hay cosas que, por supuesto, copiamos de otros animales, como el tejer de los pájaros, o el utilizar ramas para cazar insectos como los simios; pero ningún animal sabe cocinar ni utilizar el fuego, sembrar, hacer esquejes, valerse de otros animales, como hacemos con los perros y los gatos, levantar muros, fundir piedras, sacar metales de las entrañas de la Tierra o moldear barro, usar la rueda (que hoy sabemos que no es original ni privativa de Sumeria), domesticar a las cabras y a las vacas, o a las gallinas, sin que un pueblo haya enseñado a otro pueblo a hacerlo.

Para los beduinos, según la teoría teosófica, se debe a que antes de bajar a la Tierra fueron educados, modificados y adiestrados por los Pitris lunares, que no son dioses creadores sino simples guías de la humanidad como lo fueron los titanes, como Prometeo en la mitología griega, o Quetzalcóatl en la mitología azteca.

Otra teoría, menos esotérica y más de campo, propone que los beduinos creían que provenían de las piedras, como algunos de sus dioses, la piedra blanca y la piedra negra (como la de La Meca), por ejemplo, que con el tiempo se convirtieron en arena, y luego en barro, con lo que se moldeó de manera natural el ser humano sin necesidad alguna de intervención divina.

Sí, los beduinos, como otras tribus y pueblos semíticos, creían en las piedras, de las que brotaban tanto milagros como agua (como lo hizo Moisés), y servían de punto de encuentro en el desierto y hasta de templos para aplacar a los dioses.

Labrar grandes construcciones en las enormes piedras del desierto, como en Petra, era una acción del todo religiosa que hablaba del principio de los tiempos, cuando en el planeta solo había monstruos y genios.

¿DE DÓNDE SALIÓ LA TIERRA?

En unas tribus y pueblos que vivían por y para el desierto, con estructuras de gen maternal en la familia, pero de modelo patriarcal en el gobierno, unidas a veces por lazos sanguíneos o matrimoniales, y otras veces por acuerdos comerciales o de protección grupal, se podría pensar que el origen del planeta les tenía sin cuidado. Sin embargo, sí tenían una teoría del origen y la constitución del planeta.

Por ejemplo, sabían que la Tierra era redonda y esférica, como la luna y otros planetas, y no plana y cuadrada, o plana y circular, como lo creían otros pueblos.

También sabían que la Tierra era una roca inmensa rodeada de arena y de agua de mar, y, como tal, venerada como hogar de divinidades, de hombres, de monstruos, de espíritus y de seres más allá del entendimiento.

No eran las únicos que veneraban las rocas del desierto, los hebreos también tuvieron como primer templo a una simple roca, y Moisés sacó agua de otra roca para darle de beber a su pueblo (lo que le costó el enfado de Yahvé, y ser vetado de entrar triunfante en Jerusalén sin importarle la suerte de los jebuseos). La piedra, la roca, que tarde o temprano se haría arena para convertirse en roca otra vez con el paso del tiempo, estaba llena de milagros y de misterios, de energía y de metales, de magnetismo y de sueños.

Posiblemente eterna, por lo que no tuvo necesidad de ser creada, sino simplemente de evolucionar conforme a su naturaleza.

El soporte de la Tierra.

Sustentada por un mar oscuro e inmenso, aunque con algunas luminarias y estrellas.

Una gran ave mantenía sus alas abiertas debajo de este mar oscuro e inmenso.

En ese mar, y por encima de la gran ave, habitaba Bahamut, el pez gigantesco que soportaba la Tierra a pesar de los vaivenes de su movimiento.

Kujata, el toro de las 400 cabezas, estaba encima de Bahamut, con sus cuatro patas bien firmes pues en su lomo blanco, ancho y frío, reposaba la Tierra.

Muchas de estas creencias milenarias se mantuvieron vivas hasta hace muy poco tiempo (y aún hay gente del desierto y de las ciudades y poblaciones circundantes que creen en ellas), pero con la llegada del islam algunas desaparecieron, otras se mantuvieron en secreto y otra más se sincretizaron con el Corán, gracias a Mahoma, que tuvo buen cuidado de mantener a algunas de ellas, pues eran muy populares, mientras mandaba destruir otras, sobre todo algunas sobre dioses que le podían hacer sombra a Alá o desvirtuar el monoteísmo indispensable para unir de manera religiosa a millones de habitantes de Medio Oriente, parte de Asia, norte de África y sur de Europa, y hacer frente al judaísmo y al catolicismo, con una idea más humanista, más tolerante y más global que la de sus competidores, aunque usted no lo crea.

La noche en el desierto de Dubái.

III

Cosmogonía después de Alá

Nada de lo que es eterno
o inmortal
puede tener fecha
de nacimiento,
porque todo lo que nace
muere en uno u otro momento.

Proverbio beduino

Cuando se formalizó el islam en el siglo VII de nuestra era, en la península arábiga y entre los beduinos ya existía la figura de Allah, la leyenda del patriarca Abraham y el abandono de Agar y su hijo Ismael en el desierto.

Algunos musulmanes no sienten mucho respeto por la Torá ni por el Antiguo Testamento, y mucho menos por el Talmud hebreo, que los tacha de ser la línea bastarda del Altísimo.

A Cristo lo aceptan a regañadientes como profeta, pero les parece un verdadero sacrilegio que se le considere hijo de Jehová.

Para los musulmanes Alá es el único y el más grande y el más magnánimo, tanto, que en su paraíso acepta a cualquier creyente de cualquier religión, siempre y cuando acepte que solo Alá es grande.

Durante los siete Siglos de Oro del mundo árabe, la religión más humanitaria y tolerante era el islam, con filósofos como Averroes, que apostaba por una conciliación entre el islam, el judaísmo y el catolicismo, cosa que logró por lo menos en Toledo, donde convivían las tres creencias.

El nacimiento del islam no solo se debió a cuestiones culturales, religiosas e ideológicas, sino también a cuestiones económicas y políticas, como la extracción de metales, el comercio de especias, sedas y telas; el valor de los intercambios monetarios; las posiciones geopolíticas y el control de los territorios y sus fronteras.

La forma de gobernar o llevar el poder, las leyes, la administración de la justicia, la promoción del arte, la cultura y las ciencias, además de ser teocrática en todo el mundo, era diferente en su aplicación, y mientras el islam apuntaba a la libertad de pensamiento y acción en estos rubros, los judíos y los católicos miraban hacia otro lado.

Los judíos ni siquiera tenían estado o nación en un lugar definido del mapa, y los católicos eran la continuación del Imperio Romano de Occidente en línea represora, mientras que el mundo árabe se extendía desde el oeste de la India hasta Marruecos, pasando por Anatolia (Turquía) y buena parte de la península ibérica.

La Edad Media europea estaba a años luz del desarrollo y refinamiento de la cultura árabe de aquellos tiempos.

El parco acuerdo de no agresión al que se llegó en Toledo ha desaparecido en nuestros días como llegó a su fin en 1492, y las llaves del reino a las que se refería Milton al decir que solo hay un dios al que se le han puesto distintos nombres, por lo que todos los creyentes de buena fe entrarán finalmente al reino de los cielos, parecen perdidas en la actualidad, porque ni judíos, ni católicos ni mahometanos aceptan al dios que consideran ajeno.

¿CÓMO SE LE LLAMA A UNA DIVINIDAD?

"No pronunciarás el nombre de tu Señor en vano", nos dicen las tres religiones judeocristianas y sus anexos, por lo que decir Dios, Jehová o Alá sería un pecado que se debería omitir para llamarle simplemente Señor, el Altísimo o el Más Grande.

Él, Eli, Elohim, Ali, Allah, Alá, incluso Yahvé, o simplemente divinidad, deidad o hasta la palabra "Dios" derivada del griego Zeus, uno y el mismo en la Torá, la Biblia y el Corán, al tiempo que varios y diferentes por sus diversos contextos culturales y en sus diferentes cultos.

Manifestaciones de la misma luz, señalan algunos. Se parecen pero no son el mismo, claman otros.

Ni en el pasado ni en el presente las tres grandes ramas de las doctrinas abrahámicas han logrado un acuerdo global sobre la figura de Alá, porque cada una asegura que el suyo es el real y el verdadero.

Por antigüedad al judaísmo le asiste la razón.

Por cantidad de fieles y ramificaciones del catolicismo y el cristianismo, sería Dios el verdadero.

Y por juventud, empuje y expansión en los últimos tiempos le tocaría al islam la palma de la victoria divina.

Creyentes fanáticos los hay en las tres versiones, capaces de matar y de dejarse matar por su fe; molestos con sus contrarios, odiando a los ateos, haciendo proselitismo de sus propias fantasías mientras desprecian las fantasías del resto.

El pretendido monoteísmo prácticamente no se ha dado en ninguna de las tres vertientes, pues el pueblo, los creyentes y los seguidores, siempre han adorado, además del ser único divino, a rocas, lugares santos, piedras sagradas, profetas, parientes, hijos, hijas, ángeles, demonios, vírgenes, mártires y santos, y a las grandes religiones no les ha quedado más remedio que tolerarlos, aceptarlos, integrarlos, asimilarlos y sincretizarlos con la idea del Señor único.

Llamarlo en árabe, hebreo o cristiano (así le llamaban los árabes al castellano) sería lo de menos, pero en realidad no lo es, pues cada lengua lo dota de características divinas bien diferentes, acopladas a las creencias particulares y hasta supersticiosas de cada pueblo, con tradiciones comunes, sí, pero con otras tradiciones que no se comparten para nada. Cosas de la educación milenaria.

En el texto presente, por supuesto, Alá es Alá y solo Alá, que ya existía como Allah y todo su séquito antes de que Mahoma cambiara el panorama.

La estrella y la luna creciente, símbolo del islam.

DE ISMAEL A MAHOMA

En la Sura 5 del Corán, con 120 versículos, se puede ver el establecimiento del islam como religión identitaria del pueblo árabe, el nuevo pueblo elegido por Alá para que enaltezcan su nombre con el comportamiento justo, fiel y creyente, lo que deja fuera, al menos de elección divina, al resto de la humanidad y, por supuesto, al judaísmo y al catolicismo, contra los que se debe luchar justa y santamente hasta convertirlos al islam o hasta hacerlos desaparecer para siempre.

Las interpretaciones son diversas, y mientras algunos defienden los principios básicos mahometanos, otros ven en ellos una clara amenaza para el resto de la humanidad.

Ismael y Agar salvados.

Agar e Ismael, arrojados sin piedad al duro desierto por el patriarca Abraham, a instancias de su esposa, Sara, son salvados y redimidos por Alá, como aparece tanto en el Pentateuco como en la Torá y en el Corán, y desde entonces los judíos los consideraron bastardos resentidos, los católicos obviaron la situación y los beduinos los convirtieron en parte de sus creencias preislámicas, poniendo a Abraham exonerado y elevado a profeta a pesar de su maldad, pues sus actos eran designios de Alá para crear el islam, y adoptando el nombre de Ismael para su movimiento religioso, que quiere decir "el que se somete a Alá".

Los caminos de Alá son inescrutables e indiscutibles.

Tras muchas discusiones internas que no han dejado contentos a todos los fieles mahometanos, el islam acepta como profetas, entre muchos otros, a Adán, Noé, Abraham, Moisés, Salomón y hasta a Jesús (Isa), al que el Corán reconoce como 'El Mesías por venir, la Palabra de Alá, Su Verbo' (Sura 5, n.º 169). Además del Corán, su libro por excelencia, se aceptan también como textos sagrados la Torá (el Pentateuco de los cristianos), los Salmos de Salomón y hasta el Evangelio.

De cualquier manera, Alá es el único, el más grande, y Mahoma es su profeta verdadero, no hay más, y es el único camino de salvación en el día del juicio final, idea que comparten con sus competidores judíos.

De estas premisas de la Sura 5, entre otras del Corán, se desprenden las bases del islamismo:

-El rezo (o la oración), al que son llamados los fieles cinco veces al día y que debe hacerse de cara a La Meca.

-El ayuno, sobre todo el que se realiza en el mes del Ramadán, en el que desde las seis de la mañana hasta las seis de la tarde no se puede consumir alimento sólido alguno, solo agua o líquidos que no sean alcohólicos, pues el alcohol está prohibido en todas las épocas del año, así como cualquier clase de vicio.

-El *jums* (quinto), que no solo de espíritu y buena voluntad viven las mezquitas y sus honorables imanes.

-La limosna obligatoria (*zakat*), que se le debe dar principalmente a los pobres y a los menesterosos, aunque a veces sea la mezquita la que se encargue de administrarla y repartirla.

-La peregrinación (*hayy*) por lo menos una vez en la vida a la Meca, a Medina o a otro de los tres centros del islam.

Peregrinos en La Meca, adorando a la Piedra Negra.

-El esfuerzo o la lucha en el camino de Alá (*yihad*), que puede ser menor y una lucha contra uno mismo para evitar faltas, fallas y pecados; o mayor, que puede ser incluso bélico, punitivo o destructor, en contra de los enemigos del islam, y que los terroristas utilizan como argumento para llevar a cabo sus masacres, tanto preventivas como activas (en eso ni Oriente ni Occidente se quedan cortos, ni deberían tener perdón de Alá ni de ningún otro dios).

-El ordenar el bien a uno mismo y a los demás, que consiste en orientar y disuadir a la gente para que mantenga una conducta correcta que conduzca a la prosperidad tanto individual como social, a pesar de que son pocos los que aceptan de buen grado la reconversión por su mala conducta, a menos que provenga de una autoridad moral, como la de un imán, ante el cual sí ceden y acatan.

-El prohibir y denunciar el mal, que consiste en reprobar las malas acciones de la gente o evitar que las cometan, que es el complemento de la anterior, y que a menudo se convierte en un linchamiento moral y social para los trasgresores.

-La amistad, que consiste en amar, seguir y obedecer a Alá, al profeta Mahoma y a la Ahl ul-Bait (familia) del profeta, y en solo amar y ser amigos de todos aquellos que también los aman, siguen y obedecen, por lo que la verdadera amistad con un infiel o creyente de otra religión es casi imposible por estar llena de suspicacias y todo tipo de prejuicios y desconfianzas, que a menudo son de ida y vuelta, pues el mahometano ve extraño al extranjero, y el extranjero ve con malos ojos y hasta tramposo, falso y pusilánime al mahometano, y en ambos casos sin tener verdaderas razones para despreciar al contrario.

-La exoneración, que consiste en rechazar y alejarse de los enemigos de Alá, del profeta Mahoma y de su Ahl ul-Bait, es decir, de toda su parentela. Todo el que no es creyente del islam merece rechazo y desprecio, y si es enemigo declarado de los musulmanes incluso puede merecer hasta la muerte, además de que al paraíso islámico jamás entrará.

LOS CINCO PILARES DEL ISLAM

De esta manera, y con prácticas tradicionales que ya realizaban los beduinos, quedan establecidos los 5 pilares del islam:

La declaración de fe, aceptando a Alá como el más grande, y a Mahoma como su único profeta.

La oración y el rezo continuo con y hacia Alá, porque la religión islámica es una relación personal entre el creyente, sea cual sea su condición, y Alá, el Altísimo, que siempre está para escucharlo y para guiarlo por el camino del bien, de la pureza y de la honestidad. Por eso el lavarse, hacer abluciones o ungirse antes de la oración y de la humillación ante Alá es indispensable.

La limosna, que se le debe dar a todo el que la necesite, tanto como la hospitalidad y el compartir el pan, porque si Alá nos ha dado todo el mundo para que tengamos salud, cobijo y alimento, debemos ser generosos con los que no se han dado cuenta de la prodigalidad de Alá. Dar siempre es mejor que recibir, sin olvidar que el que nada da, nada recibe.

El ayuno, tanto en el Ramadán como en días señalados, la frugalidad y el evitar alimentos como el cerdo, y bebidas tóxicas o embriagantes, son necesarios para el correcto funcionamiento del cuerpo, la mente y el alma. Hacer lo contrario es ofenderse a uno mismo y faltarle a Alá.

En quinto lugar, se insiste en hacer la peregrinación a La Meca o a los santuarios y mezquitas importantes del islamismo.

El musulmán está solo frente a Alá.

Quien los cumple puede considerarse un buen creyente, quien no los cumple solo puede considerarse un pusilánime hipócrita, un irresponsable con su propio espíritu, pues al faltar a los cinco pilares se está arruinando a sí mismo además de ofender a Alá sin necesidad alguna.

Te puedes esconder de tus padres y del imán, pero no puedes esconderte de ti mismo y mucho menos de Alá.

Un buen musulmán es siempre responsable de sí mismo y de su espíritu, porque sabe que su ser y su alma le pertenecen a Alá, y a nadie más.

COSMOVISIÓN DESPUÉS DE ALÁ

Muchas de las cuestiones que recoge Mahoma para centrarlas en el Corán y en el islam ya existían entre los pueblos beduinos, como la figura de Allah, o Alá, y su familia, sobre todo sus tres hijas. El que no existía era Mahoma con toda su parentela (posible sustitución de la familia de Allah), su carisma profético y la escritura divina dictada por el arcángel Gabriel para confeccionar el Corán, con capítulos más o menos originales donde aparecen genios y ghouls, y otros muy parecidos a los de la Torá judía y a los de la Biblia católica, sobre todo los del Génesis, donde Adán y Eva vuelven a hacer acto de aparición para situarse religiosa y mitológicamente como padres de la humanidad entera, pero no exactamente como en la Torá y la Biblia, sino dispersos entre otras notas, quedando la nueva cosmovisión árabe más o menos de la siguiente manera:

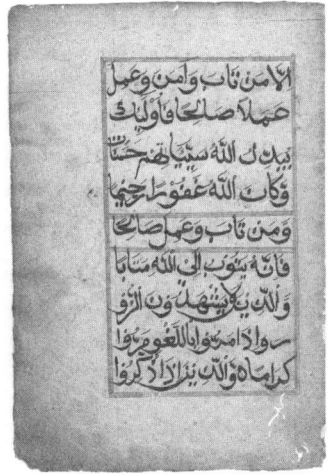 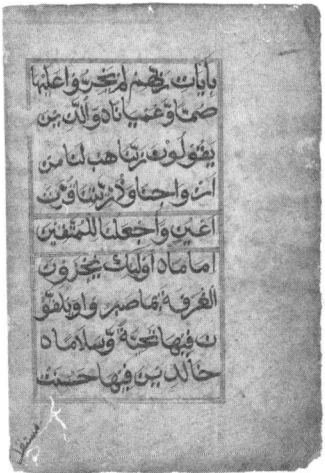

Unas páginas del Corán.

Al principio no había nada.

Solo oscuridad infinita.

Entonces Alá dijo: "¡Hágase la luz!", y la luz se hizo.

Separó las aguas de arriba de las aguas de abajo.

Puso el cielo arriba y la tierra abajo.

Creó las cosas, las plantas y los animales.

Dispuso el Jardín del Edén, donde no se pasaba calor ni frío, ni miedo ni hambre.

Llamó a sus arcángeles y les dijo:

"Voy a poner a la humanidad generación tras generación en la Tierra".

Ellos le dijeron:

"¿Los pondrás a ellos, que se harán maldad entre ellos y derramarán sangre, mientras que nosotros te glorificaremos con alabanzas y gracias y te santificaremos?"

Alá dijo:

"Yo sé lo que ustedes no saben."

Creó entonces a Adán del barro y a Eva de su costado.

Y enseñó a Adán los nombres de todo.

Entonces le dijo a los ángeles:

"Infórmenme de los nombres de estos, si son sinceros."

Y ellos le dijeron:

"Gloria a ti, no tenemos ninguno conocimiento, excepto lo que nos has enseñado: realmente solo tú eres perfecto en conocimiento y sabiduría."

Alá les dijo:

"¡Oh, Adán! Diles sus nombres." Y Adán dijo lo aprendido.

Entonces Alá les habló a los ángeles:

"No les dije que sé los secretos del cielo y de la Tierra, y sé lo que revelan y lo que ocultan"

Alá les ordenó entonces que se postraran ante su creación humana, Adán, y todos los ángeles, menos Iblis, se inclinaron ante la obra de Alá.

"Soy la primera creación del fuego —gritó el Arcángel— y no me inclino ante nadie; menos ante un humano mortal y falible."

Así fue como Iblis, por su soberbia, perdió el favor de Alá para siempre.

Dijo Alá:

"¡Oh, Adán! Habita tú y tu esposa en el Jardín del Edén; y come de forma abundante de sus frutos; pero no te acerques a este árbol, porque te encontrarás con el daño y la transgresión."

Pasó un tiempo en el que Adán y Eva, padres de toda la humanidad, vivieron felices en el Jardín del Edén, pero

Iblis, descontento y burlándose de Alá, los engañó, haciendo que salieran del Edén para que conocieran nuevas tierras y así perdieran el estado del que gozaban.

En voz baja y sonriendo malignamente, Iblis les dijo:

"¡Salgan, salgan!, sin saber que habrá enemistad de unos hacia otros entre los que procreen. La tierra será su morada y su medio de vida por un tiempo".

Adán y Eva lloran el engaño y sufren las consecuencias de su ingenua ignorancia, perdidos fuera del paraíso, pero Alá, que todo lo sabe y todo lo ve, los consuela.

"Sigan afuera del Jardín lo que empezaron en él. Salgan e hinchen la Tierra, y, cuando se sientan perdidos y sin fe, clamen por mi presencia y yo les haré de guía y de consuelo para que encuentren el camino correcto."

Cuando esta cosmogonía llegó a los fieles no fue del todo satisfactoria, pues Arabia no era como antes, solo tierra de bondadosos e ignorantes beduinos, sino que ya había ciudades importantes y hombres sabios que hacían ciencia y observaban las estrellas.

Los beduinos la aceptaron sin más, porque estaban hechos de barro y arena, como las piedras del camino que adoraban, y lo encontraron lógico.

Los árabes intermedios, ni beduinos ni sabios, también dudaron del creacionismo, pero lo aceptaron igualmente.

Desde entonces, y aunque parezca increíble, hay musulmanes creacionistas y musulmanes no creacionistas, aunque ambos crean fervientemente en la figura de Alá como el único y el más grande.

El Corán, la Biblia y la Torá

Popularmente suele creerse que el Corán es copia fiel de la Biblia, o de la Torá y su Pentateuco, pero no es así, pues si bien hay muchos elementos en común por cuestiones de vecindad semítica, también tiene elementos más propios de los árabes que de los católicos o de los judíos.

El arcángel Gabriel inspirando a Mahoma.

En el Corán, Alá es un poco menos bélico que Jehová, más humanitario con Adán y Eva, a los que promete ayudar siempre que lo necesiten en lugar de maldecirlos, y si bien propone una Shaira contra las otras religiones para imponer el islamismo, no lo hace en tono violento sino de convencimiento, mientras que Jehová prefiere que se pase a sus enemigos por la espada o por armas divinas, destruyendo todo para que no quede piedra sobre piedra.

No cabe duda de que Mahoma debió leer tanto la Biblia como la Torá, incluido el Nuevo Testamento, o los Evangelios, antes de que el arcángel Gabriel le inspirara el texto sagrado del Corán, pero su apreciación e interpretación de dichos textos debió hacerlos desde una perspectiva beduina, como se puede reconocer en sus páginas, más que desde una perspectiva filosófica o árabe culta.

El Corán tiene alrededor de 600 páginas, con 114 Capítulos, o Suras, y más de 6 mil versículos; mientras que la Biblia, con todo y Nuevo Testamento, tiene cerca de 2400 páginas; y la Torá, con solo cinco libros, no llega a las 200.

La Biblia es una compilación hecha por Esdras en el siglo VII antes de nuestra era, más o menos bien ordenada, con pretensiones históricas y cronológicas; y con más de cuarenta autores y libros —como el de Enoch— que al final no entraron en dicha compilación; mientras que el Corán es el libro de un solo autor, inspirado por Gabriel arcángel enviado por Alá, pero de un solo autor; la Torá también tiene a un solo autor, Moisés, y no habla para nada de que le haya sido dictada, exceptuando el Decálogo, que era obra del flamígero dedo de Jehová.

El Corán, como decía el profesor Jesús de Miguel, es un tanto caótico, con muchas ideas que no se conectan con otras en un principio pero que pueden hilvanarse después, sobre todo si antes se ha leído la Biblia; además, en el Corán hay cierta fantasía, sin dramatismos proféticos, y una libertad de pensamiento que no se observa en los otros textos, aunque también son harto míticos y fantasiosos.

La mitología árabe del Corán es más mágica, y hasta ingenua para algunos, que corporativa y doctrinaria, pues no mata a sus genios, como la Biblia mata a sus gigantescos nefilim, sino que los recupera y hasta se los enseña a los niños para que guarden y continúen tanto su religión como su mitología, ambas llenas de tradiciones y leyendas.

LA LEYENDA DE MAHOMA Y JADIYA

Cuenta la leyenda que Mahoma desciende de Ismael.

Ismael era hijo de Abraham y de su concubina, la esclava Agar, porque Sara, la esposa legítima de Abraham, era estéril, pero tras rogarle mucho y durante largos años a Jehová, la anciana dio a luz a Isaac, el único y legítimo heredero del patriarca Abraham.

Sara, empoderada por la ley hebrea, le exigió a Abraham que Ismael y su madre fuesen expulsados del hogar paterno, sin importar su suerte, pues Agar era una simple esclava y su hijo, Ismael, un bastardo.

Errando por el desierto, un ángel (o Jehová o Alá, según las versiones) les salvó la vida al indicarles una fuente de agua viva, o un oasis, donde Agar pudo darle de beber a su hijo sediento.

Luego Ismael se hizo de su propia tribu y fue un respetado patriarca.

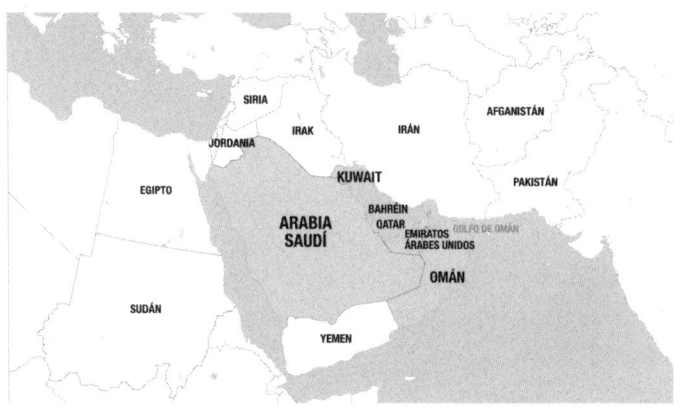

La nueva tierra de Ismael.

Sus descendientes, los ismaelitas, se establecieron entre la frontera de lo que entonces era Egipto y el golfo Pérsico, que del actual Egipto queda muy lejos, por lo que su establecimiento fue en la amplia y desértica península arábiga.

Mahoma, como buen personaje mesiánico, puso a Ismael a la cabeza de su genealogía, naciendo en La Meca el 26 de abril (Tauro) del 570 (en el calendario occidental), para morir el 8 de junio del 632 con 62 años de edad, en la que desde entonces sería la sagrada ciudad de Medina.

Según las leyendas del islam, Ismael en persona colaboró en la construcción de La Meca, el lugar destinado para que naciera el Profeta.

Mahoma pertenecía al poderoso clan hachemita que reina hoy en día en Jordania, y a la tribu Quraysh, que en aquel entonces controlaba y gobernaba

La Meca y su Kaaba, y si bien no era un califa ni un jeque, era de la clase alta de Arabia.

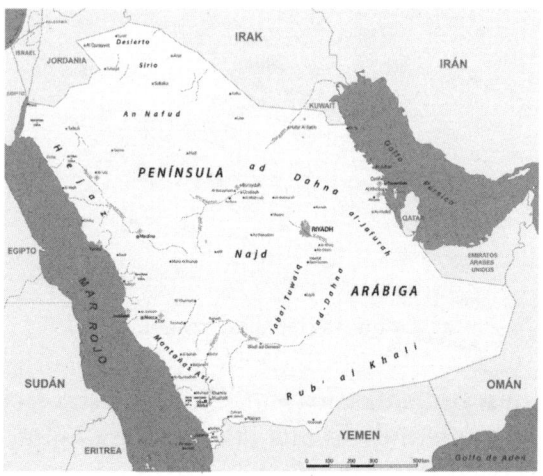

La Meca, lugar del nacimiento de Mahoma.

A pesar de ser de una buena e importante familia, se formó con los beduinos, una costumbre que tenía en la tribu Quraysh para que sus vástagos se criaran fuertes y libres, capaces de soportar las inclemencias del desierto y de adaptarse a todo tipo de situaciones, y así evitar la pereza y la vida regalada.

Quién mejor para educar a un niño que las nodrizas beduinas y los hombres del desierto, gente cabal y honrada, buena y sincera, alejada de las veleidades de las grandes ciudades, de la codicia y del dinero.

Al poco tiempo de estar con los beduinos, Mahoma se sintió indispuesto y se desvaneció delante de los otros niños.

Tendido sobre una roca, el arcángel Gabriel bajó del cielo, lo tomó entre sus brazos, le abrió el pecho, le sacó el corazón, y del corazón extrajo un coágulo negro.

"Esta es la razón por la que Iblis puede inducirte a malas acciones y malos pensamientos", le dijo Gabriel al niño.

Acto seguido en una jofaina de oro lavó el corazón del niño y se lo volvió a meter en el pecho.

Los otros niños, espantados ante tal visión, corrieron con las nodrizas beduinas y les gritaron: "¡Mahoma fue asesinado, Mahoma está muerto!".

Las nodrizas fueron hasta el lugar de los juegos y se encontraron con Mahoma vivo, algo adormilado, pero vivo.

No le creyeron a los niños, o al menos pensaron que habían exagerado; de cualquier manera, y por si las dudas, decidieron regresar al niño a su madre por si en realidad era enfermizo y no iba a soportar la vida en el desierto.

Mahoma quedó huérfano del todo a los seis años de edad. Su padre había muerto antes de que él naciera, y su madre murió seis años después, dejándolo a cargo de su abuelo, como era la costumbre, y después del hermano de su padre, donde convivió con Alí, que sería califa de La Meca años más tarde.

Abu Tálib, su tío, lo llevaba a todas partes, a los viajes largos y a los viajes cortos, para que se ilustrara.

En esos viajes conoció al monje sirio Bahira, quien le abrió las puertas al gnosticismo esotérico y a los textos sagrados cuando Mahoma contaba solo con

12 años de edad, despertando la vena mística que el joven Mahoma llevaba dentro desde que Gabriel arcángel le tocara el corazón.

Mahoma, el Profeta.

Bahira le hizo toda clase de vaticinios, unos buenos y otros malos o de advertencia, sobre todo contra los judíos, de los que no debía de fiarse nunca ni hacer negocios con ellos porque eran viles, aprovechados y traicioneros.

Le previno además contra los romanos bizantinos —los dueños del mundo oriental por aquel entonces— pero por otros motivos, como la dominación y la guerra.

"No se puede aprender nada a la hora de la comida", aseguran los sabios musulmanes, indicando que Mahoma poco pudo aprender de Bahira a los doce años, sin conocimientos ni experiencias que se tienen solo "a la hora de la cena"; sin embargo, los creyentes dicen que ya lo podía comprender todo, pues estaba tocado divinamente por un Arcángel que lo cuidaba desde el momento de su nacimiento.

Unos cuentan que Bahira también le pronosticó su futuro como profeta de Alá, pero otros dicen que nunca hablaron de eso. "Solo se vieron una vez, y una vez no basta para tanto conocimiento", aseguran los expertos.

Como primo del Califa, Mahoma era respetado, y como miembro de su excelsa tribu no tenía necesidades materiales, así que dedicaba buena parte de su tiempo a la reflexión, retirándose frecuentemente a la cueva de Hira para meditar.

Mahoma, como todo árabe citadino de buena familia, sabía contar y pesar, pero no sabía leer ni escribir más que el nombre de ciertas mercancías y nombres propios, nada más.

Los textos sagrados que conocía no era gracias a la lectura sino a los memoriones, santones que los recitaban de memoria en las plazas y en los mercados, como muchos estudiantes recitan de memoria el Corán hoy en día en las aulas universitarias.

Así escuchó y aprendió partes del Talmud, la Torá, la Biblia y los Evangelios (y quizá otros textos sagrados semíticos que desconocemos), como lo escuchaban otros transeúntes árabes tras dar limosna a los santones, y un buen día, ¡milagro!, se le apareció el arcángel Gabriel en la cueva de Hira y le empezó a hacer revelaciones divinas.

Mahoma se asusta, a pesar de contar ya con 40 años, y piensa en no volver a la cueva, pero su esposa, Jadiya, lo anima, y Mahoma regresa para ser instruido por Gabriel arcángel.

Por una parte se cuenta que dichas revelaciones fueron, tarde a tarde y poco a poco, convirtiéndose en el Corán, lo que parece lógico, pues Mahoma antes de plasmar en letras lo que Gabriel arcángel le iba revelando, tenía que aprender a escribir para poder hacerlo, aunque quizá Gabriel, además de dictarle, le dio el don de la escritura.

Por otra parte se cuenta, de una forma más legendaria y mítica, que Mahoma solo necesitó de una noche para confeccionar el Corán, gracias a la divina inspiración de Gabriel arcángel, que más que hablarle o dictarle, le transmitió espiritualmente la palabra de Alá.

Mahoma creando el islam.

Jadiya, la rica viuda que se casó con Mahoma cuando este tenía 25 años, ve muy prometedor el contacto de su esposo con las huestes celestiales.

Madre del islam, se puede decir que Jadiya ya era mahometana antes de que se confeccionara el Corán y se instituyera el islam como la única real, verdadera y admitida oficialmente en el mundo árabe, en clara competencia con la Iglesia católica ortodoxa, porque Jadiya era poderosa y princesa, sí, pero también humilde, bondadosa y generosa; seguía los principios del islam sin que nadie se lo impusiera, era enemiga de ídolos y seguidora de Allah y de sus tres hijas, y de nadie más.

Mahoma y Jadiya pertenecían a la misma tribu que mandaba en La Meca, aunque ella era de mayor rango que él.

Tuvieron seis descendientes: Qasim, Abdulá, Záinab, Ruqáyyah, Ummu, y Fátima.

Cuando Mahoma flaqueó, pues temió que lo insultaran, desacreditaran o hasta lincharan por blasfemo o loco si hablaba de las visitas del Arcángel, ella le dijo: "Alá seguramente te protegerá de cualquier peligro y no permitirá que nadie te insulte ni te humille, ya que eres un hombre de paz y reconciliación, y siempre extiendes la mano de la amistad a todos".

Jadiya, a decir de muchos, fue la que convenció a los califas de su tribu y de las tribus con las que mantenían alianzas familiares o comerciales de que lo que decía Mahoma era cierto, y que era conveniente unir a todos los árabes bajo una misma religión, como hacían los judíos y los católicos con sus respectivos pueblos.

Ilustración de la boda del profeta con Jadiya.

No fue fácil convencer a todos, porque a pesar de la conveniencia política y social de contar con una sola religión, el politeísmo era un buen negocio en La Meca, a donde llegaban toda clase de extranjeros que dejaban sus monedas en diversos templos, y hasta hubo guerra y enfrentamientos tribales pues no se ponían de acuerdo, pero Mahoma, una vez envalentonado y con fe en su propio discurso, empezó a ser el líder que nunca había sido, y, con la ayuda del poder económico de su primera esposa y el peso militar y político de su tribu y linaje familiar, al final los fue convenciendo casi a todos.

Se destruyeron algunos templos de dioses propios y extranjeros, pero no se acabó con el politeísmo del todo, ya que seguía siendo un buen negocio y buena parte del pueblo árabe y beduino no dejaba de creer en sus dioses del pasado, por más que abrazaran a Alá y juraran en público que era el más grande y el único.

El monoteísmo logró que las prácticas antiguas se realizaran en secreto, sobre todo entre los pobres, porque, como suele suceder en estos casos, muchos califas siguieron llevando su mismo ritmo de vida y sus creencias sin que nadie los molestara o se opusiera.

Mahoma mismo estuvo en el ojo del huracán, entre otras cosas, porque de aquel muchacho tímido y reflexivo se había hecho un hombre maduro, iluminado y autoritario, con trece o catorce esposas.

La tercera esposa para unos, y la última para otros, Aisha, solo tenía seis años cuando el autoritario Mahoma la tomó como esposa a pesar de los ruegos de Abú, su lugarteniente, que la tenía prometida para más adelante a un califa importante.

El problema no era la edad de la consorte, sino que ya estaba comprometida desde su nacimiento con otro hombre, y eso dejaba muy mal parado a Abú, pues quedaba como alguien poco honorable que no había cumplido con su palabra.

Las otras esposas nunca ocuparon en el lugar de la primera, y Mahoma no fue ningún mujeriego con un harem de cien huríes, pues los matrimonios fueron de conveniencia, por alianzas políticas, tribales e incluso comerciales, y los hijos que pudiera tener no pesaban en el linaje, como sí pesaban los seis de Jadiya.

El cambio más radical en la personalidad de Mahoma se produjo en el 619, cuando murió su primera y más querida esposa, Jadiya, señalándolo como "el año doloroso" a conmemorar por todos los musulmanes.

Un año después volvió a tener contacto con la huestes celestiales, y se cuenta que en una sola noche viajó de La Meca a Jerusalén, la ciudad sagrada de los hebreos, y que estando ahí ascendió a los cielos, recorrió varios mundos y habló en persona con Abraham, Moisés y Jesús, lo que le llevó a hacer cambios en el Corán, reconociendo la figura de los profetas hebreos, a pesar de las advertencias de Bahira, y a reconocer que Jesús no había muerto, que era el verbo y el espíritu de Alá, y que volvería algún día al mundo como el mesías que siempre había sido.

No se ganó muchas simpatías entre los suyos al tornarse tan místico y bíblico, por lo que, sin el amparo de Jadiya, se sintió amenazado y hasta algo paranoico pensando en que lo querían matar, así que abandonó a su propia tribu y se refugió en un pueblo campesino cerca de la ciudad de Medina.

"No los necesito, el pueblo me protegerá", les dijo a sus familiares al partir de La Meca hacia Medina en el 622 de nuestra era.

Y no solo lo protegió, sino que aumentó su poder y su influencia, su ejército y sus riquezas (sobre todo en metales), con lo que pudo enfrentar nuevas batallas y someter a algunos árabes que no querían ser musulmanes.

En el 629, sintió que había comido un trozo de carne envenenada, quizá de manos del padre de Aisha —que nunca le perdonó que se la quitara—, de algún pariente de otra de sus trece mujeres, o de un traidor camuflado como amigo.

Mahoma en su lecho de muerte.

No hubo ángel que le desvelara el misterio.

Tres años más tarde, en junio del 632, se sintió indispuesto, se recostó y a los pocos días murió, pensando todavía en el antiguo envenenamiento como causa de su corta y mortal enfermedad.

Para entonces el islamismo estaba casi consolidado, La Meca tomada por su ejército y los enemigos convencidos o vencidos, y Arabia empezaba su expansión por medio mundo, aunque no pudo con los bizantinos ni con buena parte de Europa, pero sí con todo el norte de África y media península ibérica.

La lengua árabe, más que el islam como religión, se extendió por todas partes, lo mismo que sus ciencias y sus artes.

De todos sus hijos solo le sobrevivió Fátima, que junto con su esposo reclamó la herencia ideológica y religiosa de su padre, consiguiendo que los chiíes la siguieran y la veneraran como al Profeta; mientras que los sunitas se decantaron por el suegro de Mahoma y padre de Jadiya, que era todo un potentado en La Meca política, religiosa, económica y socialmente.

No faltaron los musulmanes cultos que optaron por no seguir a nadie y que formaron sus propios grupos más o menos duraderos, donde Allah y su séquito de dioses, ángeles, demonios, genios y hasta monstruos seguía prevaleciendo.

Ateos debieron ser bien pocos, y los que se pronunciaron en contra de las creencias tradicionales o recién impuestas pronto perdieron la cabeza, literalmente hablando.

Durante más de mil años el islam ha sido más o menos tolerante con otras creencias, pero no lo ha sido en absoluto para el ateísmo, porque todo creyente podía acabar aceptando a Alá como el más grande y el único, pero un ateo no, y eso era un sacrilegio que se pagaba con la vida.

No son pocos los países musulmanes de hoy en día que prohíben y castigan el ateísmo, tanto como prohíben las relaciones homosexuales; pero negar a Alá está peor visto y más perseguido.

Mahometanos expulsados de los reinos de España.

La Meca, Medina y Jerusalén quedaron como ciudades sagradas del islam, el Cairo se llenó de mezquitas y de construcciones arábigas; Libia, Argelia, Túnez y Marruecos abrazaron el islam y la lengua árabe como si siempre hubieran sido suyas; pero en la península ibérica, a la cual llenaron de artes y de ciencias, y a pesar de dominarla durante siete siglos, nunca pudieron convencerla del todo, y los que se sumaron al islam por conveniencia, en cuanto hubo problemas y los Reyes Católicos iniciaron la reconquista de su territorio, no dudaron en declararse cristianos y buenos comedores de cerdo y jamón ibérico, lo mismo que grandes bebedores de vino (como hacían casi todos los árabes que ahí habitaban, aunque con cierta discreción) y adoradores de Cristo (lo que hicieron unos cuantos árabes para salvar el pellejo o para no ser repudiados y expulsados, colgándose un trozo de marrano en la espalda, como señal de conversión al cristianismo).

Los "castellanos viejos" retomaron el poder en los reinos españoles, junto con Portugal y el Vaticano, y desde entonces los mahometanos (moros o moriscos), aunque ya no están prohibidos, siguen teniendo muy mala fama y el repudio social asegurado.

A partir del 1492 los musulmanes, junto con sus artes y sus ciencias, fueron exiliados, cuando no prendidos y muertos, en el nombre de Cristo, el verdadero mesías para Occidente, muy superior a un pobre hombre, paranoico y fantasioso, que aseguraba que hablaba con los ángeles pero que nunca hizo un milagro como sanar a los leprosos, devolverle la vida a un muerto, expulsar a los demonios de una pobre piara o resucitar a los tres días de haber fallecido.

Cristo era el verbo y la palabra de Dios, mientras que el autoritario Mahoma, pedófilo y lleno de esposas y concubinas, era un simple y autonombrado profeta, y su Corán una mala copia de parte de las Sagradas Escrituras.

La propaganda y la publicidad de la Iglesia católica, apostólica y romana sigue por ese mismo camino de menospreciar al moro y de considerar su religión un remedo del cristianismo; mientras que los judíos no los consideran ni siquiera personas, a pesar de que en la actualidad, además de radical, se ha vuelto una opción religiosa para muchos occidentales, además de los países que ya son musulmanes y que cuentan con millones de seguidores, algunos fanáticos y otros a la antigua usanza beduina, es decir, diplomáticos, honestos, libres y tolerantes.

Mahoma no habrá resucitado como Cristo, pero es innegable que en cierta manera sigue vivo en muchas almas y corazones, y su leyenda, porque de su vida real se conoce bien poco o se ha mitificado y diversificado tanto que ya es más creencia que realidad, sigue viva.

Quizá sin la ayuda, el soporte, el dinero y el linaje de su primera esposa, Jadiya, nadie le hubiera hecho caso, y, como el mismo Mahoma temió siempre, lo habrían tachado de loco, de fantasioso y hasta de vago aprovechado, con los peligros que conllevaba en el mundo árabe de entonces, donde la turba podía linchar a alguien que considerara peligroso, demente o contrario a las normas y a las tradiciones.

Dicen los sociólogos que un Mahoma pobre y sin linaje tribal influyente no hubiera pasado de ser uno de tantos monjes y santones como Bahira, en el mejor de los casos, y no el mesías y profeta de Alá que es ahora para millones de seguidores.

IV
El rey Salomón

Toda religión
no deja de ser
una mitología
y una superstición,
por espiritual que nos parezca.

Voltaire

Uno de los personajes habituales en los cuentos de *Las mil y una noches* es el fantástico e increíble mago, el Rey Salomón (Sulaymán o Solimán para los árabes), rey de Israel, que aparece en los textos sagrados como hijo de David, el que mató a Goliath y se perdió por Betzabé, y con la genealogía que había de acabar en la llegada del mesías.

Sabio y mago por excelencia, era capaz de resolver todo tipo de acertijos, de dominar demonios, de mantener a raya a los genios malvados y de levantar palacios allí por donde pasaba.

No importa si la historia no lo recoge, porque los mitos se convierten en la más clara de las realidades a los ojos de los creyentes, y el rey Salomón era creído, adorado y hasta idolatrado por los pueblos semíticos, incluidos los beduinos nómadas y los sedentarios árabes.

A pesar de ser un personaje bíblico, no era muy obediente con las leyes hebreas, pues a pesar de que estaba prohibido, construyó el fabuloso Templo de Jerusalén con maderas finas, mármol y oro, varias recámaras y un cuarto oculto donde se guardaba el Arca de la Alianza, sustituyendo a la humilde piedra del desierto donde se reunían los hebreos para hacer sus holocaustos y alabar a Jehová.

Unificó a los israelitas, ya dispersos desde entonces (año 1000 antes de nuestra era, más o menos) por medio mundo, y formó alianzas con los pueblos vecinos con el fin de evitar más guerras.

Fue amigo de la no menos mítica reina de Saba, con la que compartió sabiduría y conocimientos, sin llegar a ser amantes, a pesar de lo que digan las malas lenguas, así como mercancías y rutas comerciales.

A pesar de las indicaciones del islam, muchos le rezaban y se encomendaban a él para encontrar soluciones a sus males o para prevenirse de las amenazas de las fuerzas del mal.

Nació rico y predestinado a ser rey, pero no se conformó con eso y aumentó su fortuna, y la de la corona de Israel, por cientos.

También eran por cientos las concubinas de su magnífico harem, además de sus esposas y sus amantes externas, todas ellas unas verdaderas bellezas, como las huríes que prometía el Profeta a los buenos guerreros musulmanes, que sabían amar, bailar, cantar, tocar el arpa, escribir poesía y recitar versos y textos sagrados de memoria, y, sin embargo, Salomón escribió "no he conocido nada más amargo que la mujer".

El mágico y sabio rey Salomón.

"Salomón poseía mil esposas, trescientas de las cuales habían sido tomadas como prisioneras en una guerra", cuenta un imán, mientras que otro, Akmal, escribe: "David decidió elegir, de entre los hijos de Israel, al suyo, Salomón, como heredero de la corona. No obstante, los hijos de Israel se negaron a aceptarlo y obedecerlo tomando como pretexto su corta edad. Entonces acordaron colocar los báculos de varias personas en una casa, y la vara de aquel que cambiara su color a un color verdoso sería el escogido. Al siguiente día todos quedaron atónitos y pasmados al advertir que únicamente el báculo perteneciente a Salomón había cambiado de color. Inicialmente, Salomón se había ocultado de la gente hasta que Alá le ordenó que reapareciera. En una ocasión, y mientras estaba escondido, por la insistencia de su esposa se dirigió al bazar para encontrar trabajo. Pero como no sabía ningún oficio, regresó con las manos vacías. El segundo día sucedió lo mismo. El tercer día, a orillas del río ayudó a un pescador, y al final del día este le entregó dos pescados como paga. Cuando Salomón regresó a casa, abrió el vientre de uno de los peces y encontró un anillo. Esa noche sus suegros estaban invitados a su casa para cenar y comer de la paga que Salomón había recibido ese día. En el momento en que Salomón colocó el anillo en su dedo las aves, el viento y todo lo que lo rodeaba se prosternaron ante él, como señal de Alá y de su coronación. Fue entonces cuando decidió trasladarse con su mujer y suegros a la ciudad Isatjr (en Irán) y hacer pública su invitación. Cuando su profecía y reinado llegaron a su fin, nombró a Asif, hijo Barjia, como su sucesor".

En el Corán aparece muy pocas veces, por lo que son diversos Imanes los que se han encargado de crear su biografía, con mayor o menor éxito, pero en la Biblia su presencia es habitual e incuestionable, al menos desde el punto de vista de la mitología, y su sello, la estrella de David, es el sello del actual Estado de Israel, además de un amuleto mágico donde los haya, que sirve para todo tipo de invocaciones, cumplimiento de deseos y sometimiento de elementales, demonios y genios, y que se sigue utilizando como elemento mágico y de poder en nuestros días.

No hace falta decir que es más aceptado que Jesús por moros y cristianos, o por árabes y católicos, y también por los judíos, que lo sitúan al lado de Moisés y Noé en importancia.

Las leyendas populares siempre lo han apoyado y no le han negado santidad a pesar de su vida azarosa, contraria a la ley y hasta pecaminosa, como el hecho de tener a demonios como sus esclavos (los Qarin, seguramente), que subían al cielo y bajaban a la tierra en cuanto Salomón se los mandaba, limpiaban sus habitaciones, alejaban a otros demonios y hasta hacían de obreros de la construcción a la hora de confeccionar los palacios para su amo.

Estrella de David, sello mágico de Salomón.

Salomón, el mago poderoso de la mitología árabe, es en sí mismo un amuleto contra las malas vibraciones, los espíritus traviesos y el acceso a otras realidades, según *Las clavículas del rey Salomón*, un curioso texto esotérico que intenta explicar la alta magia del mítico monarca del reinado de Israel, que quizá nunca existió, ni el rey ni su reinado, porque por las fechas donde lo sitúa la Biblia el pueblo de Israel estaba más cerca de la esclavitud bajo la égida de Nabucodonosor, en pugna con los filisteos y los cananeos, destruyendo a una de sus tribus, los efrainistas, y lejos de tener un texto sagrado que se compiló trescientos años después, y unas claves de magia casi negra, con las que se le dice al lector que puede dominar a los demonios, hacer exorcismos, lograr curas milagrosas y hacerse invisible a los ojos de los demás como pueden conseguir los masones iniciados, los rosacruces adelantados y todo aquel que haga los ritos y conjuros de una manera correcta y precisa.

No habla de genios, pero sí de seres elementales que se pueden utilizar como esclavos o sirvientes para lograr el amor, el triunfo en los negocios y todas las cosas que pueda ofrecernos el mundo tal y como lo conocemos.

Se supone que Salomón, en persona, como el poeta erótico que era, escribió las clavículas de su puño y letra en su tiempo libre, para legar a la humanidad los secretos que le pueden dar la abundancia y por lo menos mil esposas, pero sin la molestia de las madres de ellas.

Magia mítica pura (que para algunos lo denosta y para otros lo ensalza), que curiosamente caló más en el mundo árabe que entre sus propios correligionarios judíos, aunque también lo mencionan, "y es que nadie es profeta en su tierra", y a menudo ni en su tiempo ni en la realidad, pero sí en la mitología, donde hay lugar para todos los grades personajes fantásticos, y el rey Salomón fue, sin duda, uno de ellos.

Como diría el sabio, "los mitos no existieron nunca y, sin embargo, están siempre vivos y presentes en nuestro mundo y en nuestras vidas."

V

LOS GENIOS Y OTRAS BESTIAS MITOLÓGICAS

*Todos tenemos uno o varios
genios internos,
que se asoman
de vez en cuando
para cumplirnos deseos
o para tomarnos el pelo.*
PROVERBIO ÁRABE

En Occidente decimos que tener genio es tener carácter firme o fuerte, que una persona con genio es aquella que sabe mucho, que es un gran científico o un artista incomparable, y quizá no estemos tan equivocados, porque los genios del mundo árabe se comportaban, y tal vez se comportan, como esas emociones que conforman nuestra verdadera forma de ser pero que mantenemos en bajo perfil para no entrar en conflicto con la gente que nos rodea, o simplemente para ser discretos y mantenernos a salvo de las críticas, los prejuicios y los señalamientos.

En este orden de ideas, hay genios sabios, genios geniales, genios malos, genios buenos, genios burlones, genios locos, genios románticos y hasta genios que no sirven para nada pero que están ahí, en la cabeza, en el corazón y hasta en el alma, para saltar al exterior en el momento menos esperado.

Pide tres deseos, mi señor.

Hay genios que sacan lo mejor que llevamos dentro, pero también los hay que sacan lo peor de nosotros mismos y actúan independientemente de lo que pensemos, sin que los podamos dominar, al menos no de inmediato, por lo que muy a menudo nos meten en problemas.

El genio de la irreflexión siempre está merodeando para empujarnos al abismo de la reacción exagerada, lo mismo que el genio de la ira o el terrible genio de la envidia o de los celos.

El genio de la venganza a veces es paciente y espera largo tiempo antes de dar la cara, pero cuando lo hace puede ser terrible, tanto si actúa con maldad y sigilo como si lo hace violentamente.

El furor de nuestros genios no tiene límite, y aprender a controlarlos lleva a menudo demasiado tiempo, pero, dicen los sabios beduinos, debemos hacerlo para que no nos arrastren y terminen siendo nuestros dueños, porque incluso el más pueril de los genios puede arruinar nuestra vida y echar a perder nuestros sueños.

EL GENIO DE LOS RONQUIDOS

Todo empezó el día que ella me dijo "roncas", o más bien todo acabó para nuestra relación de veinte años y dos hijos, niño y niña, que a esas alturas ya eran adultos y con su respectivas parejas.

Solución, al menos para continuar juntos, era dejar de roncar, y yo, que me sentía el malo de la película y la razón por la cual nuestro ejemplar matrimonio se iba al carajo, hice todo lo humanamente posible para mantenerme en silencio, sin lograrlo, claro está.

Ni las infidelidades ni mi desordenada forma de vida parecían haberla molestado tanto como para pedirme la separación. Según yo, ella lo aguantaba todo, incluso cuando la llamé "Fátima" en lugar de su nombre propio, o cuando me desaparecía una semana entera y volvía a casa destrozado, pero con dinero, o cuando estuve preso precisamente por mi forma de conseguir ese dinero. Ella ni rechistaba, al contrario, parecía amarme más y no importarle mis múltiples defectos.

Dos o tres cosas le molestaron a lo largo y ancho de nuestra relación, un golpe de fama que tuve con un libro, que me diera por estudiar sociología pasados los cuarenta años, y el que me negara a comportarme como abuelo, ¡ah!, y que no le comprara habitualmente doce litros de agua embotellada en plástico, pues ella amaba el agua, pero no cargarla, por lo que el encargado de comprarla y cargarla era yo y nadie más que yo, y hacía un drama cuando le faltaba.

Pero nada de eso nos había alejado tanto como el que yo roncara. Me lo reclamó precisamente el día que me aceptaron como estudiante en la universidad, cobré una buena suma por mi nefasto libro, me negué a comportarme como un abuelo (hombre de mi edad) y me olvidé de comprarle su ración semanal de agua.

A partir de entonces nada de sexo, camas separadas, luego habitaciones separadas y finalmente casas separadas.

Mientras más remedios probaba para curarme de los ronquidos, más fuerte roncaba, tanto, que hasta yo mismo me despertaba asustado cuando emitía uno de mis más fieros y atronadores estertores.

Medio mundo empezó a señalarme por mis resuellos. En hoteles, aviones y autobuses más de una vez me pidieron por favor que le bajara el volumen a mis ronquidos. Los pe-

rros se asustaban y aullaban al oírme, los gatos se espantaban y los vecinos me odiaban y hasta me golpeaban la puerta o el techo directamente para ver si así me callaba, pero nada.

Llegó el momento en que no había dónde refugiarme para hacer la siesta, porque hasta en los parques, los bosques y las playas alguien se molestaba por mis ronquidos.

Incluso me operé la campanilla y bajé veinte kilos por aquello del peligro de las apneas, pero los fieros ronquidos no me abandonaban.

Una vez me alojé en una pensión para sordos, que si bien no me escucharon, sí se quejaron de las vibraciones estentóreas de mis ronquidos, similares a los temblores y terremotos, que los asustaron y despertaron. No duré ni una semana.

Solo y abandonado, esperando a que la señora tuviera la amabilidad de firmarme el divorcio, pasé cinco años nefastos obsesionado por mis propios ronquidos, como cualquier apestado. Emborracharme casi a diario y prácticamente no dormir fue una de mis soluciones, algo muy común en la vida universitaria, hasta que un día, tras una noche de sexo, drogas, alcohol y canciones de Sabina, la chica con la que pasé la noche me dijo: "Me encantan tus ronquidos, me hacen sentir segura y amparada, porque en cuanto roncas todo se aleja, los malvados, las fieras, las alimañas, y las otras compañeras."

Me enamoré al instante y empezamos una corta y extraña relación, y digo extraña porque mientras más dormía con ella, menos roncaba, aunque a veces fingía hacerlo para que ella se sintiera segura y amparada.

Mi ex por fin se dignó a firmarme el divorcio, y esa

misma noche, por fin y como si de un milagro se tratara, dejé de roncar para siempre. Mi nuevo amor también me dejó para siempre por motivos de inseguridad, por lo que me quedé sin ronquidos y sin más amores que los que iban saliendo al paso, algunas de ellas roncaban como berracos y hasta me hacían suspirar, pero fui perdiendo la afición y retirándome del mundo, demonio y carne, y, una vez terminada la carrera, ingresé en un monasterio de clausura con voto de silencio, donde espero pasar el resto de mi vida, siempre contrito, afligido, mortificado y temeroso de que regrese el terrible Genio de los ronquidos, y también me expulsen de este campo celestial donde como, duermo y voy al baño sin tener que trabajar.

Genios marid

Ya habíamos hablado de los genios, pero no está de más abundar en el tema, porque durante la romanización de Oriente Medio, los genios marid pasaron a ser una especie de ángeles, pues en las pinturas de la época se les añadieron alas y se les puso del lado del bien y de la justicia, poderosos como ningún otro grupo de genios, que combatían al lado de los "buenos" en contra de los "malos", deteniendo ejércitos y protegiendo poblaciones de cualquier enemigo o invasión.

No concedían tres deseos ni vivían encerrados en lámparas, arcones o botellas, sino que respondían a las plegarias y a las invocaciones de los hombres justos, o magos nobles y bondadosos, como el rey Salomón.

Podían transformarse en persona, animal o cosa, y a menudo deambulaban invisibles por las ciudades y los desiertos, porque una de sus misiones era vigilar el buen rumbo de la humanidad.

Genios prestos para la batalla.

En los tiempos preislámicos, más que servidores, eran colaboradores de Allah; para pasar a ser su creación tras la instauración del islam, convirtiéndose en sus mensajeros, soldados y adoradores, aunque esta idea duró poco tiempo, ya que el fervor popular los prefería más independientes de las reglas y normas divinas.

Por eso, tradicionalmente, los genios no son ángeles, personas ni nada que se les parezca, sino una especie o raza diferente, poderosa, mágica y milagrosa que habita el universo desde antes de que aparecieran los dioses, los ángeles y las personas, y que tuvo su lugar en el panteón divino antes de que el islam los redujera y los pusiera a las órdenes de Alá.

Genios ifrit

Los genios del mal, como ya habíamos señalado en capítulos anteriores, carecen de moral y costumbres humanas, y tras la islamización quedaron señalados como enemigos de la humanidad, sobre todo de Adán y su descendencia, pasando por Ismael, porque Alá quiso que se arrodillaran ante su magna obra: el ser humano, al cual los ifrit consideraban un simple animal mortal con todos los defectos del mundo, y quizá no se equivocaban.

Antes de eso también despreciaban a la humanidad, pero no por vanidad ni por envidia, sino porque la consideraban débil, mezquina y sucia, como muchos otros animales que ocupaban la faz de la Tierra.

Los ifrit, hijos de las llamas y de las entrañas de la Tierra, eran crueles y prepotentes, a menudo jugaban con la suerte de los seres humanos, les ponían trampas, les prometían milagros y fingían cumplirles deseos solo para ver cómo reaccionaban, como si fueran hormigas y gusanos con los que juegan cruelmente los infantes.

Gigantescos cuando encarnaban, a veces eran capaces de engullir al humano que se topaba con ellos, como si fuera una gallina o un cerdo.

El despertar del genio.

Cuentan las leyendas que solo el rey Salomón podía controlarlos y encerrarlos para que no anduvieran haciendo maldades por el mundo.

Eso sí, cuando prometían algo de verdad y sin juegos, lo cumplían, tanto para bien como para mal, ante los dioses o ante los humanos, porque su palabra y su honor valían más que el oro, y no necesitaban que nadie se los recordara.

Por lo demás, rara vez se ocupaban de los asuntos de la humanidad, y no intervenían en sus vidas para nada.

Fuertes y poderosos, ajenos al mundo y a sus alegrías o a sus tribulaciones, se alojaban en cuevas profundas y hasta en volcanes, o vagaban libremente por las montañas, los bosques, los mares y los desiertos.

GENIOS QARIN, PEQUEÑOS DEMONIOS

Cuentan las más antiguas leyendas de los beduinos que cada persona que nace trae consigo a este mundo a un pequeño qarin, una especie de genio o demonio, de la misma manera que los niños católicos traen consigo a su ángel de la guarda.

Por tanto, todos y cada uno de los seres humanos tienen a su propio qarin que los acompaña desde el nacimiento hasta la muerte, y que a veces da buenos consejos y ayuda a su protegido, y otras veces le empuja a cometer los más viles de los actos, así que no es bueno ni malo, es simplemente amoral y no se jacta de hacer el bien ni se arrepiente o siente culpa alguna de hacer el mal.

Los qarin no son fríos ni insensibles, lo que pasa es que su sensibilidad va por rumbos muy distintos a los senderos sentimentales o emotivos de los humanos.

Ni el amor, ni la amistad y mucho menos el sexo o la pareja les interesa especialmente, y, sin embargo, pueden empujar a su humano a que cometa los mejores o los peores excesos en este campo con enamoramientos, celos, locura, pareja y hasta matrimonio sin que les tiemble el pulso, pues consideran las emociones humanas como tonterías e impedimentos para el pensamiento.

Tu qarin, o demonio de la guarda.

Sí, los qarin elogian el pensamiento y el conocimiento, eso a lo que los humanos llaman verdad, raciocinio o ciencia.

Saben escuchar con atención si se les habla con franqueza y sin emocionalidades, y pueden llegar a admirar, y hasta a servir, a su humano si este tiene verdadera inteligencia.

Cuenta una leyenda que Mahoma fue capaz de dominar a su qarin, tanto, que lo convirtió al islam para que aceptara y adorara a Alá como el único, y le sirviera al propio Mahoma como asistente.

Por eso hay muchos aprendices de brujo que ven en los qarin a los famosos elementales del submundo, torpes y malvados, pero que pueden conjurarse y utilizarse para los trabajos mágicos, como si fueran sus empleados.

Eso sí, los deseos que pueda conceder un qarin no suelen ser muy certeros, porque ellos no son muy buenos magos, como sí lo son los genios marid; por lo que si les pides oro y joyas, tal vez te los den, pero falsos o de fantasía, y si les pides millones, deberás contentarte con unas cuantas monedas.

Eso sí, son muy fieles y nunca te abandonan, ni en la buena ni en la mala suerte; por lo que también son algo celosos y resentidos si no los tomas en cuenta una vez que los has descubierto a tu lado o hasta dentro de tu persona, porque pueden instalarse, temporal o continuamente, en tu oreja, uña del dedo gordo, palma de la mano, frente, pie izquierdo o cabeza, desde donde te enviarán señales continuamente, sobre todo para avisarte de asuntos de dinero, amores o buena o mala suerte.

Su apariencia puede ser la tuya, pues partirán contigo cuando mueras, pero su voz, generalmente dulce y melodiosa, es suya y solo suya; aunque, por supuesto, puedes sentirlo y presentirlo vivamente, pero no verlo ni escucharlo nunca, o que alguna vez te hable como si lo tuvieras dentro de la cabeza o pegado a tu oído.

Según la leyenda, quiera o no quiera la persona, siempre tendrá consigo a su propio y particular qarin, al que debe alimentar, cuidar y educar como si de una mascota o amigo leal se tratara, para que, en lugar de demonio de la guarda, se convierta en todo un ángel que haga de guía y cuide las espaldas.

Por supuesto, también se le puede echar la culpa cuando se toma una mala decisión o se comete un acto malévolo, esquivando la propia responsabilidad, que es lo que solemos hacer los seres humanos:

LA TIENDA DE LOS GENIOS

—Buenas tardes,
¿es aquí la Tienda de los genios?

—Sí, adelante.
—Venía por tres deseos.
—¿Cuáles?
—Uno de mis hijos,
otro de mi esposa
y otro de mi madre.

—¿Y en qué consisten?
—Ah, perdón,
para mis hijos un perro
que no defeque ni ladre;
para mi madre unos dientes
nuevos y perdurables;
y para mi esposa un amante.

—Permítame unos segundos...
lo de sus hijos está hecho,
y también lo de su madre,
pero lo de su esposa, lo siento,
no hemos hallado
en todo el vasto el universo
un humano, un monstruo o un demonio
que se atreva a ser amante
de su tan querida esposa.

—¿Por lo fea?
—No tanto, aunque un poco,
y eso que de joven
parecía más potable,
pero,
ya se sabe,
con los hijos y los años
uno se hace desechable,
pero no ha sido por eso.

—Entonces, ¿por qué no hay amante?

—Pues, ¡por qué genios iba a ser!,
por lo mismo que usted
lo pidió,
obviamente por su fiero carácter
y su manera de hablar,
de reír y de gritar,
su pestilente olor
que desmaya toda flor,
su falta total de amor,

su exigencia y sus desplantes,
y eso no hay quien lo aguante...
le fallamos, sí, señor,
pida usted por favor
otra cosa más probable.
¿Le vendría bien un millón?

—*Umm, ¡que sean dos!*

—*¡Hecho!,*
y que tenga buena tarde.

DANDAN, O DANA

Monstruos marinos de todos colores, tamaños y formas, incluido Bahamut, que tras el islam pasó a ser, además del soporte del mundo, un monstruo marino más, capaz de devorar embarcaciones enteras con todo y tripulantes.

Monstruos como el leviatán hebreo, o el famoso kraken, hasta sirenas y tritones, con su maravilloso mundo submarino lleno de tesoros y dominados por el rey Salomón para que no emerjan y asusten a los marineros, como Simbad, también son dana, y a menudo no son nada amables con los humanos, aunque de vez en cuando pueden compartir sus tesoros con ellos si los salvan de unas redes de pescadores, de un arpón o por haberse quedado atrapados entre las rocas o varados en las arenas de una playa.

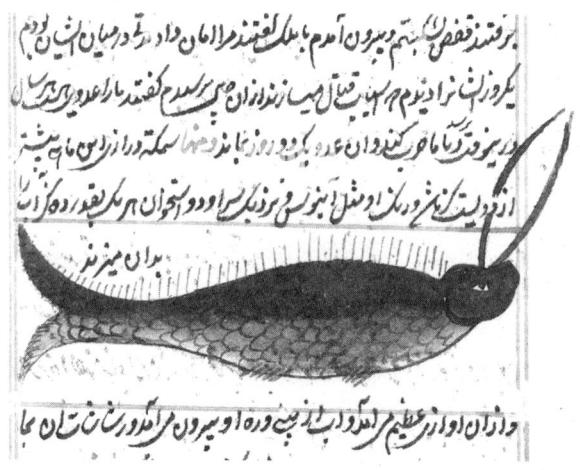

Los dana, monstruos marinos.

Cuenta una leyenda que Salomón encontró en las entrañas de un dana, o pez mágico, el sello o anillo con el que se coronó como rey de Israel, cuando árabes y judíos eran más hermanos que enemigos.

Dana son todos los terribles monstruos de las profundidades del mar o del alma, que pueden emerger y devorarlo todo en un instante.

AL-MIRAJ

La liebre gigante con un cuerno grueso y retorcido en la frente, normalmente de color pardo o amarillo, que habita en los páramos o cerca de los oasis, capaz de tumbar a un ciervo de una sola cornada, o a un hombre, para roerlo o enterrarlo para la próxima cena, porque siempre anda con hambre.

Al-miraj, liebre con cuerno.

Come de todo lo que encuentra en el desierto por necesidad, pero prefiere las presas de gran tamaño.

Es ágil y rápida, pero prefiere esconderse para atacar por sorpresa. Si la ves, no la acorrales, porque es cuando es más peligrosa y brava.

Dicen que un solo roce de su cuerno puede abrir las más duras pieles y carnes, y que también puede transmitir el mal de la rabia a los seres humanos y a los otros animales, por lo que es mejor evitarla.

SHADAVAR

El ciervo unicornio, o algo parecido, con un cuerno de cuarenta y dos agujeros (o ramales) por los que se cuela el viento y produce melodías de lo más seductoras, casi hipnóticas e impactantes para todo aquel que las escucha, cálidas y románticas si es el viento del desierto, o frescas y alegres si es el viento de las montañas o de un oasis. ¡Dichosos los oídos que han llegado a escucharle!

Es carnívoro y herbívoro, pero no ataca a las personas, aunque si se ve en peligro o acorralado, se defiende con fiereza. Su cuerno es muy valioso como afrodisiaco y como amuleto, y hasta como instrumento musical, y los cazadores furtivos lo persiguen, aunque rara vez lo consiguen, pues los shadavar son muy esquivos cuando presienten el peligro.

Un shadavar seduciendo con su cuerno musical.

Normalmente viven en los bosques cercanos al desierto, en las cumbres de las montañas y en las cuevas que hay en los acantilados, pero no se dejan ver por los humanos, porque saben que los hombres son crueles y malvados que matan por matar, como los gatos, incluso si no tienen hambre.

HIENAS-HOMBRE

Y no hombres-hiena, porque en este caso son las hienas demoniacas las que se convierten en hombres atractivos, o en mujeres hermosas, hipnotizan a sus víctimas y, cuando ya las tienen rendidas, entonces vuelven a ser hienas y se dan el festín con la carne de la persona hipnotizada.

A diferencia de las hienas del desierto o de la selva, no actúan en grupo, son solitarias y no les gusta repartir su botín con otras fieras o monstruos, por lo que de vez en cuando se enfrentan a los ghoul. Tampoco les gusta la carroña porque prefieren la carne fresca y recién muerta, pero pueden hacer excepciones en tiempos de hambrunas.

Se pueden distinguir del resto de las hienas naturales por su tamaño, ya que son bastante corpulentas y musculosas, y un poco menos feas, pero por lo demás son muy similares.

Hiena-hombre dándose un banquete.

Antes habitaban bajo las montañas, en la selva o en las inmediaciones de los oasis, pero con el tiempo se han vuelto más atrevidas y descaradas, y no dudan en acercarse a las grandes ciudades, donde tienen la carne asegurada.

ROC

El ave de rapiña gigantesca que se roba a las princesas, quizá para alimentar a sus polluelos o para desafiar a los príncipes a que se atrevan a rescatarlas. Aparece en varias leyendas de la antigüedad, y en el cuento de *Simbad el marino*.

El nacimiento de un ave roc.

Normalmente puede cargar a un buey gordo y pesado o a una persona sin ningún problema, y, en casos extraordinarios, puede llevarse a las montañas o en medio del desierto a grandes navíos. Incluso puede llegar a ser tan grande como para colaborar en el sostenimiento del mundo, junto a Bahamut, el toro de las cuatrocientas cabezas, o la serpiente Falak.

Sus huevos, cuando llegan a ser tan extremadamente grandes, con uno solo se puede alimentar a todo un pueblo de cien personas.

Sus alas pueden oscurecer el cielo, y sus gritos son resoplidos agudos y estridentes capaces de crear torbellinos, oleaje alto y hasta huracanes.

Cuenta la leyenda que eran las aves preferidas de los dioses, obedientes a sus mandatos, como el llevarles bueyes bien cebados o, en su defecto, personas obesas y con gruesa manteca, pero un día los escarabajos peloteros se subieron a su plumaje, y ya en el cielo empezaron a empujar los huevos que descansaban en el regazo de las nubes y los lanzaron a tierra, matando a miles de polluelos. Desde entonces las aves roc quedaron tan dolidas que ya no bajan a tierra ni aunque se lo manden los dioses.

FALAK

La mítica serpiente eterna y gigante que es tan grande que podría comerse al planeta entero de un bocado, pero que no lo hace porque se lo prometió a el rey Salomón, o al propio Alá después de crear la Tierra, pero no le prometió dejar de hacer el mal y de envenenar cuerpos y conciencias cuando se hace pequeña y repta por la arena o entre las piedras.

**Falak, la serpiente eterna es otra
interpretación del leviatán mítico.**

Todas las serpientes son Falak o hijas de Falak, y no son amigas de los seres humanos para nada, porque cuando ellas no los muerden o se los comen, son ellos los que se las comen a ellas.

Falak, según las leyendas más antiguas, ya existía antes de los genios y de los dioses, más cercana a los primordiales sin nombre que a las criaturas posteriores, como los titanes de cronos, algunas de ellas horriblemente feas y amenazantes, pero con más bondad en sus almas que la humanidad entera.

En algunas leyendas está debajo de Bahamut, o alrededor del pez gigante, para darle estabilidad a nuestro planeta en su recorrido y movimientos entre las estrellas, y que así se mantenga derecho y no caiga al abismo profundo y negro.

Algún día, cuando todo llegue al final y ya no tenga que mantener su promesa, jura que se comerá al planeta entero y después hará una muy larga siesta para recuperar energías y volver a surcar el universo.

NASNAS

Seres fabulosos, muchas veces peligrosos pero también disfrazados de pedigüeños para sonsacar a los hombres y llevarlos por los caminos deshonestos, pues su cuerpo es tan aberrante que puede causar desde lástima hasta la locura más extrema: son como los seres humanos, pero partidos por la mitad, con un solo brazo y una sola pierna, media cara pero cabeza más o menos entera.

Nasnas de una sola pierna y un solo brazo.

Pueden ser malvados, caprichosos, aprovechados, maliciosos, sucios, alevosos, gritones, violentos, inútiles para trabajar, de mala lengua, envidiosos, aviesos, torpes, asquerosos o lascivos, siempre quejándose, siempre enfermos, más o menos como una esposa común y corriente, diría bromeando Al-Rashid, o como un mal esposo, que también los hay.

Viven del miedo y de la lástima que despiertan en los demás, además de las monedas que les dan los malos humanos para mantener su conciencia tranquila, o para aparentar ser buenos creyentes que siguen las leyes de Alá.

GHOULS

Ya habíamos mencionado a los ghouls, pero no está de más señalar que alguna vez fueron dioses, ángeles, genios o tal vez hasta personas, y hoy en día son monstruos que se alimentan de la carne de los muertos, que llegaron a ese estado debido a su propia maldad, que los ha ido carcomiendo espiritualmente a través de los siglos.

Son, por sus antecedentes, anteriores a la humanidad, pero seres de este mundo y habitantes de este planeta, por lo que algunos los asimilan con el bajo astral y otros con los descendientes de los primeros ángeles caídos.

Los ghouls han llegado incluso a la mitología japonesa, pero por cronología y orden de aparición son originalmente árabes.

H.P. Lovecraft los describe con apariencia humana, sabios, inteligentes, algunos de ellos brujos, peligrosos por su dieta y por la influencia maligna que despiertan en los seres humanos, ya que su simple cercanía envenena el ambiente, posiblemente esbirros de Cthulhu o de otro primordial malévolo.

Pueden ser incluso caníbales, es decir, capaces de alimentarse de otros ghouls si hace falta.

También aparecen en la saga de Harry Potter, alimentándose de cadáveres en los cementerios, que son su hábitat habitual.

Ghouls cenando en el cementerio.

Se dice que son como los vampiros, aunque no se alimentan de la sangre de las doncellas, pero sí son una especie de muertos vivientes con una larga vida, capaces de desaparecer entre la bruma, irritables y violentos, ajenos a las emociones y a la moral humana, sin respeto para las divinidades y viviendo principalmente de noche porque la luz, como la bondad y el amor, les hieren.

Gollum, de *El Señor de los anillos*, bien podría ser un ghoul, pero de la especie de los hobbits, convertido en monstruo por su locura y sus malas acciones.

La mayoría son del género masculino, pero no se descarta que también existan ghouls mujeres, muy parecidas a las mujeres humanas, solo que con una dieta poco recomendable.

Espíritus del desierto

Sin aspecto ni forma definida, como brumas que asemejan seres humanos o como un viento helado que recorre por las noches los bosques, las rocas y los desiertos, dando una sensación de horror, espanto, susto o escalofrío, como si estuvieran anunciando una desgracia; y también se mueven con el cálido ambiente del desierto, sofocando las almas y llamando a la muerte.

Vagan eternamente y nada los detiene, a menudo se sienten, pero no se ven; atraviesan dunas, paredes, rocas y todo lo que se les ponga enfrente.

No se sabe su origen ni su destino, solo que son y que están presentes como agoreros de la desgracia y de la mala suerte, como si gozaran haciendo que la gente se pierda en la inmensidad de desierto, por lo que se recomienda no viajar solo por esos parajes, ya que estos espíritus pueden crear espejismos en la mente y desviar de la ruta al más templado de los peregrinos que van a La Meca.

Sin embargo, los beduinos son amigos de los espíritus del desierto, del viento cálido y del viento helado, pues con ellos han aprendido las sendas que los llevan a su destino marcadas en las dunas y las piedras, la posición de los oasis, de la cuevas protectoras, de los aromas que vienen de las tiendas y campamentos de otras caravanas, y de las historias y leyendas que susurran al oído de los que saben escuchar.

PLEGARIA BEDUINA

Te pedí que alejaras a la gente,
viento divino,
y me diste una distancia bien prudente.

Te pedí que no me molestara su presencia,
y a muchos encerraste en sus casas sin violencia,
aunque con argucia y diligencia.

Te pedí distinguir a los malvados desde lejos,
y tú les pusiste un bozal distintivo delator.

Te pedí que apartaras de mi vera a esos creyentes
que van causando falsos miedos

de terror infantil e intrascendente,
como los cuentos de terror,
por mucho que fueran amigos,
conocidos o parientes,
y se borraron solos de mi amor,
la cobardía y la ignorancia
tienen mal hedor,
sin necesidad
de que les enseñara yo los dientes,
me hiciste un gran favor.

El viento y el desierto.

No todo lo que pedí me lo otorgaste,
ni revelaré otras cosas que me diste,
pero no me quejo,
tendré paciencia, es buen consejo,
y, como adiós, ahí te dejo,
sigue tu camino y estandarte

por falso o cierto que tú seas
y existas o no existas,
gracias mil,
que tengo que atender unas visitas
y es hora del café y el té,
o el chocolate.

FANTASMAS QUE SE ESCAPAN
DEL INFIERNO, O DEL CEMENTERIO

Distintos son los fantasmas que se escapan del infierno o del cementerio, porque no los han dejado entrar en el paraíso, porque no han sido fieles a sus dioses o a Alá; porque dejaron pendientes en este mundo, como una herencia, un tesoro, e incluso un testimonio de culpabilidad sobre sus victimarios en caso de que hayan muerto a causa de un crimen o un robo.

Algunos buscan venganza, otros despedirse de sus deudos, otros indicarle a alguien dónde escondieron tal o cual tesoro, sin faltar los que murieron de algún mal de amores y quieren seguir estando al lado de su esposa o de su marido.

Su aspecto es parecido al que tuvieron en vida, pero sin los rasgos de la vejez. Se van diluyendo con el tiempo, haciéndose humo, hasta que llega el día en que desaparecen del todo.

No faltan los que son peligrosos, los que se meten en la cabeza de un vivo para darle malas ideas o para utilizarlo como instrumento de su venganza; pero la mayoría son simples almas en pena que no encuentran acomodo en el más allá, o que han perdido el camino que puede llevarlos al paraíso, ¡Alá se apiade de ellos!

PRIMORDIALES

Los primordiales, que estaban antes que muchas estrellas en el universo, posible fuente de vida o de existencia, muy lejos de las concepciones, valores, sentimientos o morales divinas y humanas.

Algunos monstruosos, otros sin forma, pero nada que se parezca a un dios, un ángel, un genio o un ser humano.

Sin nombre ni identidad, no la necesitan para ser lo que son.

Más que eternos, porque han vivido y existido a través de los eones y de los cambios y evoluciones del universo.

Cuentan las leyendas que algunos habitan este planeta desde que empezó a formarse, siendo polvo cósmico o roca incandescente, y permanecen como adormecidos en sus entrañas o en el fondo de los mares, mandando sus malas vibraciones sobre todos los seres e infectando el corazón de los dioses tanto como el de los demonios y el de los seres humanos.

Como en el *Necronomicón* de Lovecraft, algunos pueden encontrarse en el subsuelo profundo de ciertas cuevas del desierto arábigo, donde cuentan con siervos y fanáticos seguidores que practican los ritos más horripilantes que se puedan imaginar, con ruidos rítmicos que enturbian los sentidos y el alma, provocando trances intensos y locuras permanentes, destruyendo el espíritu de todo lo que les rodea, a sabiendas de que lo que quede de la humanidad, tarde o temprano, bajará hasta sus lúgubres aposentos para entregarse a ellos, ya sea como esclavos, como alimentos o como carne de tortura eterna.

¡Alá, nos proteja!

Los dioses primordiales de Lovecraft.

LOS HASHISHIN (LA SECTA DE LOS ASESINOS)

Cuentan las leyendas que los más terribles asesinos, que recorrían los desiertos del Sahara y de la península arábiga y se adentraban en las ciudades, en las tiendas, en los campamentos y los palacios, más que dioses o demonios, genios o monstruos, era humanos, y, por lo tanto, los seres más terribles de la creación a los que todos temen.

La secta de los asesinos.

Estos humanos dejaban salir lo peor de ellos mismo tras consumir fuertes dosis de hachís, y daga en mano eran capaces de las peores atrocidades contra lo que fuera, incluso contra sus hijos, sus reyes o sus hermanos.

Ni siquiera los más torvos seres son capaces de las aberraciones humanas, y la secta de los asesinos es prueba de ello.

El hachís no es malo, solo saca a la monstruosa fiera que llevamos dentro, como también lo hacen otras drogas y el alcohol.

¡Qué Alá nos aleje de los vicios!

La cruda realidad supera siempre a la ficción.

INFIERNO MUSULMÁN

Como nos cuenta don Rubén Zamora en su *Satanás, el arcángel del mal*, por cuestiones cronológicas el infierno musulmán es mucho más tardío que los infiernos semíticos, católico y judío, y en algunos casos tiene más referencias persas, árabes y turcas que semíticas.

A este infierno se le llama Yahannam, y al paraíso Yanna.

El infierno mismo no es lo peor de todo, pues para llegar a él se necesita ser creyente de Jehová, de Mazda o de cualquier otra superchería, como mínimo, porque los verdaderos ateos caen a las llamas eternas cuando cruzan por el puente que va a Yahannam.

Yahannam consta de siete niveles:

-Yahim, el lago de fuego eterno para los peores.

-Yaliya, el terrible campo amargo y estéril para todos los idólatras, que adoran figuras y dibujos, prohibidos por el Corán, del culto o la religión que sea.

-Sa'ir, para los adoradores del fuego y supersticiones varias, magia y brujería.

-Saqar, para los que no creen en Alá, pero sí en un dios superior, que al fin y al cabo será Alá igualmente.

-Ladha, donde son enviados los judíos (lo peor de lo peor), aunque algunos por línea de Abraham o de Ismael pueden salvarse si aceptan a Alá en sus corazones.

-Hawiya, para los católicos y los cristianos, incluidos sus profetas.

-Hutama, para aquellos que no son buenos devotos y no han cumplido con el Corán y sus leyes.

En el infierno musulmán.

El ángel Malik, con sus 19 guardianes, cuida de que nadie escape del infierno, aunque según las leyendas populares, siempre hay alguno que se escapa para volver a la Tierra como en alma en pena o en busca de venganza.

En Yahannam, con 19 puertas y cien ventanas, casi todos tienen posibilidad de ser perdonados y redimidos si se entregan y reconocen a Alá como su único y verdadero Dios, y así poder ir a Yanna, el paraíso, donde les espera todo un mundo de alegría, abundancia, fe y felicidad.

En Yahannam las 72 huríes perfectas, creadas por Alá, están reservadas para los héroes que han dado su vida por el islam.

INFIERNO BEDUINO

Antes de la llegada del islam, e incluso con una mitología politeísta, en Arabia no había una idea clara de "infierno" como castigo para los malvados, aunque sí coincidían con otras creencias sobre un posible más allá donde había la posibilidad de la existencia eterna (influencia egipcia), o la final desaparición del alma (influencia persa), e incluso una eternidad fría, triste y gris en el Hades (influencia griega), pero no había ningún orden infernal establecido.

LA MUERTE ANTES Y DESPUÉS DEL ISLAM

En este mismo sentido la muerte podía ser una continuación de la vida, aunque sin cuerpo, en las creencias beduinas antes del islam, sin cielo y sin infierno, sin más premios ni más castigos que los que se hubieran construido en este mundo, con espíritus que reposaban después de una larga, dura y buena vida.

"Tal es la vida, tal es la muerte".

Y se venía de alguna parte antes de nacer en esta Tierra, también había una continuidad, más que trascendencia, en donde la bondad de la vida anterior continuaba en esta vida.

"El que es mal nacido, viene de una mala muerte o de una mala vida anterior."

No era exactamente una idea clara de reencarnación, como sucedía con otros pueblos semíticos incluyendo a los gnósticos y a los primeros cristianos, pero algo de eso había, porque los muertos algunas veces volvían, en sus hijos, en los corazones de la gente que los quería, para ocupar un nuevo cuerpo, ya fuera transmigrando el alma, como los helenos, o en un nuevo nacimiento.

"Nacer y morir es lo mismo, sufrimiento y alegría, alegría y sufrimiento."

Después del islam las cosas cambiaron, y las creencias se centraron en el sistema de premios y castigos: premio si crees, castigo si no eres creyente.

Al terrible infierno si no crees, y al hermoso cielo si eres creyente.

"Siempre se premia el sometimiento y la estupidez", diría Schopenhauer, pero la fórmula funcionó (y funciona), y la mayoría de los pueblos árabes se sumó a la esperanza de la redención y de llegar, después de la muerte, a un paraíso.

Para los egipcios no hacía falta ser creyentes de un solo dios, y la redención o la llegada a su paraíso (los Campos Elíseos) dependía más de la magia, los conjuros, las joyas, los amuletos y hasta el nombre propio y el poder del alma para hacerse con un lugar paradisiaco, o con la posibilidad de renacer con el mismo cuerpo pasados tres mil años, porque los muertos egipcios de alcurnia podían escoger entre la eternidad en los Campos Elíseos o pasar ahí solo tres mil años para volver al mundo de nuevo y enteros, con su misma riqueza y su mismo cuerpo.

Antes del islam, entre los beduinos, la verdad sea dicha, no había mucha preocupación por el destino final de los muertos, ya que si bien la muerte podía ser dolorosa, también era inevitable y hasta una liberación de los males y miserias de este mundo. No necesitaban filosofar al respecto, porque la muerte era un hecho más consustancial a la vida, y nada más.

La vida era un paseo hacia y hasta la muerte, donde posiblemente se volvía al origen o a un nuevo nacimiento, por lo que no había de qué preocuparse: "Arena y lodo eres, y en arena y lodo te convertirás", en una sencilla idea de cíclica eternidad.

Después del islam, dice Al-Rashid, el morir se volvió algo mezquino, miedoso, interesado, hipócrita, pusilánime, sin valor por el hecho de morirse; a lo que Mahoma contestó elevando el valor de las muertes de los héroes, los guerreros y los mártires del islam, los cuales, además de ir al paraíso musulmán tras su muerte, gozarían de más placeres carnales (aunque no tuvieran carne) en el más allá que cualquier otro muerto, y los mártires y héroes no tardaron en aparecer para inmolarse en el nombre de Alá, a pesar de las llamadas a la razón de Al-Rashid.

Los entierros de los beduinos se hacían en el desierto o dentro de cuevas, con túmulos de piedra, e incluso incinerando el cuerpo del difunto. Tras el islam, los entierros y los ritos funerarios son muy parecidos a los que se hacen alrededor del mundo, con la peculiaridad de que, si se puede, el ataúd es de piedra, pues las rocas siguen teniendo una importancia espiritual para el pueblo árabe.

Entierro musulmán.

La muerte, después del islam, se volvió más supersticiosa y mitológica que antes del islam, involucionando en vez de evolucionar por el camino de la razón, como señalaran Avicena y Averroes en su tiempo: "Una cosa es creer en un concepto divino universal, y otra muy distinta creer en absurdos sin lógica alguna."

Sin quererlo ni desearlo, el islam trajo un miedo a la muerte que no existía antes, pues para los musulmanes ahora la muerte es la enemiga, y, lo peor, una enemiga que no se puede vencer, por mucho que "seamos de Alá y a él retornemos tras la muerte", como dice el Corán, porque ese regreso está condicionado a su voluntad y a la obligación de ser un héroe, un mártir suicida o un perfecto creyente, cosa que muy pocos logran.

Paraíso musulmán

Siguiendo con don Rubén Zamora, el paraíso musulmán, Yanna, era mucho más accesible que el católico, porque todos los seres humanos que no han llegado a la adolescencia son bienvenidos sin importar su religión o creencias, ni su comportamiento en esta Tierra.

Paraíso musulmán, el Jardín de las Delicias.

En Yanna, los adultos que hayan seguido la ley de Alá descrita en el Corán tendrán todo tipo de alegrías y placeres durante toda la eternidad, y no solo el esplendor de Alá ni una existencia aburrida cantando alabanzas, que bastante tendrán con seguir rezando cinco veces al día, con el resto del tiempo a su disposición, con la única diferencia de ciertas jerarquías, pues ni en el más allá es lo mismo ser un pobre mercader de frutas que un profeta o un imán reconocido por su santidad.

Tras la muerte, esa misma noche, aparecen dos ángeles, Munkar y Nakir, que le hacen tres preguntas importantes al difunto:

¿Quién es Alá?

¿Quién es tu maestro?

¿Cuál fue tu sendero espiritual?

Para el islam, todos los caminos espirituales llevan a Alá; cualquiera puede salvarse, siempre y cuando responda con sinceridad.

Después del interrogatorio, la persona es llevada a un lugar que se llama el Barzaj, que es como un limbo o purgatorio, un punto medio entre el cielo y la tierra.

Según el grado de sabiduría y espiritualidad, el difunto es ubicado en unos estratos o niveles: la gente de altos principios espirituales se ubica en los planos superiores avanzados del cielo, y la que está siendo castigada por sus malos actos en el plano material lo hace en los planos inferiores, pero no aún en el Infierno.

Son siete los niveles en el Jardín (Yanna) del Edén, y no se llega a él, se vuelve, pues del paraíso venimos y al paraíso vamos, que es lo mismo que decir de Alá venimos y a Alá volvemos:

-La vida solo es un paseo entre la ida y la vuelta.

-Al llegar a Yanna los ángeles te reciben con palabras de paz, amor, tranquilidad e incluso te agasajan con flores y regalos si has sido de los alabados siempre entregado a Alá.

-En el paraíso no está nada prohibido y no hay moral ni vergüenza.

-Los héroes del islam disfrutan por lo menos de 72 vírgenes, y el resto de varias, con una sexualidad mil veces mejor que la sexualidad terrestre.

-Los profetas, los mártires y los de verdad piadosos moran en el nivel más elevado.

-Los justos moran en los niveles intermedios, pero con todas las comodidades.

-Los redimidos tienen su lugar en los niveles más bajos, pero pueden ascender al mismo tiempo que refinan su espíritu.

Recepción en el paraíso

-*Se puede comer y beber de todo, pues en el paraíso las viandas no engordan y los vinos y licores no embriagan ni hacen perder el sentido.*

-*El mayor de todos los goces será poder ver a Alá, lo que sucede de forma periódica y alternativa para que nadie sienta su ausencia.*

-*Las casas son hermosas, unos verdaderos palacetes, para disfrutarlos como el propio y verdadero hogar para siempre jamás.*

-*El clima es siempre templado y agradable.*

-*Hay pabellones con huríes (vírgenes perfectas) para satisfacerte siempre que lo desees.*

-*Todos tienen la apariencia de jóvenes de 33 años, y, por supuesto, son bellos y altos, sin enfermades, defectos o taras.*

-*Si los amigos y familiares también han vuelto al Edén, se pueden visitar y mantener en el paraíso los buenos lazos que mantenían en la Tierra.*

-*Nadie tiene que trabajar o hacer esfuerzo alguno para poder comer, ya que hay ríos de leche, de miel y de vino, además de todos los frutos, carnes y postres al alcance de la mano.*

Para acceder a Yanna en la edad adulta, preferentemente se ha de ser musulmán, y, si es posible aunque no obligado, ser hijo y nieto de musulmanes:

-*Creer en Alá como único y superior dios.*
-*Creer que Mahoma es su profeta.*
-*Creer en el Día del Juicio Final.*

-Creer en el Corán como palabra de Alá, dictada por el arcángel Gabriel al profeta Mahoma.

-Y, sobre todo, nunca rechazar a un profeta de Alá, lleve la vida que este lleve.

Ese es el paraíso islámico, Yanna, y para entrar en él con ser un perfecto musulmán suele ser suficiente, pero siempre teniendo en cuenta que Alá, el más grande, es quien determina finalmente quién entra y quién no entra en él, sin importar si el elegido cumple o no con todos los preceptos del islam ante los ojos de los hombres, porque de la vista y de las preferencias inescrutables de Alá nadie se escapa.

VI

LAS MIL Y UNA NOCHES

*Todo libro
de más de 500 páginas,
relata toda
la existencia humana.*

BORGES

Dentro de *Las mil y una noches* se puede encontrar el grueso del comportamiento humano desde un punto de vista mágico y mitológico, donde Scherezade mantiene en vilo al celoso sultán que espera que acabe el cuento para poseerla, y después de haberla poseído, matarla, y así asegurarse su fidelidad conyugal.

En *Las mil y una noches* hay novela, cuento, poesía, enseñanza, consejos, belleza, valores universales y, por supuesto, magia, mucha magia, genios, aventuras, princesas, monstruos, erotismo (en su versión para adultos), humor y sorpresas literarias que nadie se esperaba.

Sus leyendas pertenecen a las tradiciones del Medio Oriente y el resto del mundo árabe, desde Persia hasta Marruecos, con diversos autores de distintas épocas, y hasta tradiciones orales de los beduinos y los bereberes, que han dejado una huella imborrable en el imaginario colectivo de la humanidad.

Cada cuento, cada leyenda, encierra además una serie de misterios y claves esotéricas según algunos expertos; mientras que para otros no son más cuentos, didácticos, sí, pero cuentos al fin y al cabo.

De *Las mil y una noches* se pueden encontrar versiones para niños, para jóvenes y para adultos, se ha censurado varias veces y se ha vuelto a rescatar.

Se han hecho cientos de versiones de su contenido, y quizá miles de traducciones y de publicaciones, pues hace tiempo que no devenga derechos de autor (personalmente, hice una adaptación para una editorial poco seria que publicaba el libro del todo inconexo y hasta con faltas de ortografía), por lo que a veces un mismo cuento, aunque esencialmente es el mismo, difiere de una a otra versión o publicación, como veremos con el famoso *Alí Babá y los cuarenta ladrones*.

ALÍ BABÁ Y LOS 40 LADRONES

Alí Babá era un pobre leñador que vivía con su esposa en un pequeño pueblo dentro de las montañas. Allí trabajaba muy duro cortando algunos árboles para vender la leña en el mercado del pueblo.

Un día, Alí Babá se disponía a adentrarse en el bosque de la montaña cuando escuchó a lo lejos el relinchar de unos caballos y, temiendo que fueran leñadores de otro poblado que se introducían en el bosque para cortar leña y hacerle la competencia, cruzó la arboleda y se subió al árbol más alto para ver lo que pasaba.

Alí Babá ve a los 40 ladrones.

Una vez allí, Alí Babá dejó de escuchar a los caballos. Cuando vio como el sol se estaba ocultando ya bajo las montañas, se acordó de que tenía que cortar suficientes árboles para llevarlos al centro del poblado; así que afiló su enorme hacha y se dispuso a cortar el árbol más grande que había. En el momento en que este empezó a tambalearse por el viento, el leñador se apartó para que no le cayera encima, descuidando que estaba al borde de un precipicio. Dio un traspiés y resbaló ochenta metros montaña abajo hasta que fue a golpearse con unas rocas y perdió el conocimiento.

Al despertar, vio que estaba amaneciendo. Alí Babá estaba tan mareado que no sabía ni dónde estaba. Se levantó como pudo y vio el enorme tronco del árbol hecho pedazos entre las rocas, justo donde terminaba el sendero que atravesaba toda la colina, así que buscó su cesto y se fue a recoger los trozos de leña.

Cuando tenía el fardo casi lleno, escuchó como una multitud de caballos galopaban justo hacia donde él se encontraba.

"¡Los leñadores intrusos!", pensó, y se escondió entre las rocas.

Al cabo de unos minutos, cuarenta hombres a caballo pasaron a galope frente a Alí Babá; pero no le vieron, pues este se había asegurado de esconderse muy bien para poder observarlos. Oculto entre las piedras y los restos del tronco del árbol, pudo ver cómo a solo unos pies de distancia, uno de los hombres se bajaba del caballo y gritaba:

—"¡Ábrete, Sésamo!"

Acto seguido, la colina empezó a temblar y, entre los grandes bloques de piedra que se encontraban bordeando el acantilado, uno de ellos se abrió como una puerta de piedra en la colina, dejando un hueco oscuro y de grandes dimensiones por el que se introdujeron todos los hombres con el que gritó a la cabeza.

Al cabo de un rato, Alí Babá se acercó al hueco en la montaña pero, cuando se disponía a entrar, escuchó voces en el interior y tuvo que esconderse de nuevo entre las ramas de unos arbustos. Los cuarenta hombres salieron del interior de la colina y empezaron a descargar los sacos que llevaban en los lomos de sus caballos. Uno a uno fueron entrando de nuevo en la colina, mientras Alí Babá observaba extrañado.

El hombre que entraba el último era el más alto de todos y llevaba un saco gigante atado con cuerdas a los hombros. Al pasar junto a las piedras que se encontraban en la entrada, una de ellas hizo tropezar al misterioso hombre, que resbaló y su fardo se abrió en el suelo dejando que Alí Babá viera su contenido: miles de monedas de oro que relucían como estrellas, joyas de todos los colores, estatuas de plata y algún que otro colla. ¡Era un botín de ladrón! Ni más ni menos que ¡de cuarenta ladrones! El hombre recogió todo lo que se había desperdigado por el suelo y entró apresurado a la cueva.

Pasado el tiempo, todos volvieron a salir y uno de ellos dijo:

—¡Ciérrate, Sésamo!

Alí Babá no lo pensó dos veces. Aún se respiraba el polvo que habían levantado los caballos de los ladrones al galopar cuando se encontró frente a la entrada oculta de la guarida de los ladrones.

—¡Ábrete, Sésamo ¡Ábrete, Sésamo! ¡Ábrete, Sésamo! —dijo impaciente una y otra vez, hasta que la grieta se abrió ante los ojos azorados de Alí Babá, que tenía el cesto de la leña en la mano y se imaginaba ya tocando el oro del interior de la gruta.

Una vez dentro, Alí Babá tanteó como pudo el interior de la cueva, pues a medida que se adentraba en el orificio, la luz del exterior disminuía y avanzar suponía un gran esfuerzo.

Tras un buen rato caminando a oscuras con mucha calma, ya que sus piernas se enterraban hasta las rodillas entre la grava del suelo, de pronto, Alí Babá llegó al final de la cueva. Tocando las paredes, se dio cuenta de que había perdido la orientación y no sabía escapar de allí.

Se sentó en una de las piedras, decidido a esperar a los ladrones para conocer el camino de regreso, y decepcionado porque no había encontrado nada de oro. Se acomodó tras las rocas y se quedó adormilado. Mientras tanto, uno de los ladrones entró en la cueva refunfuñando y malhumorado, pues cuando había partido a robar un nuevo botín se dio cuenta de que había olvidado su saco y tuvo que galopar de vuelta para recuperarlo. En poco tiempo se encontró al final de la cueva, pues se conocía al dedillo el terreno y, además, el ladrón llevaba una antorcha para iluminarse el camino.

Cuando llegó al lugar donde Alí Babá dormía, el ladrón se puso a rebuscar entre las montañas de oro su saco olvidado, y, con el ruido, Alí Babá se despertó asustado. Tuvo que restregarse varias veces los ojos, ya que no cabía de asombro al ver las grandes montañas de oro que allí se encontraban. ¡No era gravilla lo que había estado pisando sino piezas de oro, rubíes, diamantes y esmeraldas de gran valor!

Se mantuvo escondido un rato mientras el ladrón rebuscaba su saco y, cuando lo encontró, con mucho cuidado de no hacer ruido, se pegó a la pared para, sin ser descubierto, aprovechar la luz de la antorcha del bandido. Estaban aproximándose ya a la salida cuando el ladrón se detuvo y escuchó el jaleo que venía de la parte exterior de la cueva y apagó la antorcha.

Entonces, Alí Babá se quedó inmóvil, sin saber qué hacer, pues quería ir a su casa a por cestos para llenarlos de oro antes de que los ladrones volvieran, pero no se atrevía a salir de la cueva, ya que afuera se escuchaba una enorme discusión. Decidió esconderse y esperar a que se hiciera de noche.

No habían pasado ni unas horas cuando escuchó unas voces que venían desde fuera: "¡Aquí la guardia! ¡Deteneos en nombre del Sultán!".

¡Era la guardia del reino!

Los soldados estaban afuera arrestando a los ladrones y Alí Babá escuchó desde el interior el galope de los caballos que se alejaban en dirección a la ciudad.

Alí Babá se preguntó si el ladrón que estaba con él había sido también arrestado, pues aunque la entrada de la cueva había permanecido cerrada, no había escuchado moverse al bandido en ningún momento. Con mucha calma, fue caminando hacia la salida y susurró:

—"¡Ábrete, Sésamo!" —y escapó con sigilo de allí.

(Scherezade guardó silencio, y prometió al Sultán que la siguiente noche acabaría de contarlo).

En la casa de Alí Babá, su mujer estaba muy preocupada.

Alí Babá llevaba dos días sin aparecer, y en todo el poblado corría el rumor de que una banda de ladrones muy peligrosos estaba asaltando los pueblos de la zona. Temiendo por Alí Babá, había ido a buscar al hermano de su marido, un hombre poderoso, muy rico y malvado que vivía en las afueras del poblado en una granja que ocupaba el doble que el poblado entero de Alí Babá.

El hermano, que se llamaba Sesem, estaba enamorado de la mujer de Alí Babá y, ante la ausencia de su hermano, había visto la oportunidad de llevarla a su granja: aunque rico, era muy antipático y no había encontrado en el reino mujer que le quisiera ni sustituyese a la mujer de Alí Babá en su corazón.

Cuando Alí Babá apareció, Sesem, viendo en peligro su oportunidad de casarse con la mujer de este, fingiendo amistad y preocupación por lo que lo había tenido fuera un par de días, lo agarró por el chaleco y se encerró con él en el almacén donde guardaban la leña, para que le confiara lo sucedido. Allí, Alí Babá, sin sospechar su malicia, le contó lo que había sucedido y el hermano, que no quiso perder la oportunidad de aumentar su fortuna, dejó encerrado a Alí Babá junto con la leña y partió en su calesa a la montaña que Alí Babá le había indicado, sin saber que la guardia real estaba al acecho en esa colina, pues les faltaba un ladrón aún por arrestar y esperaban que saliese de la cueva para capturarlo.

Sin detenerse un instante, Sesem se situó frente a la cueva y dijo las palabras que Alí Babá le había contado: "¡Ábrete, Sésamo!". Al instante, mientras la roca se abría, los guardias se abalanzaron sobre él gritando: "¡Al ladrón! ¡Al ladrón!", y lo capturaron sin contemplaciones.

Sesem intentó explicarles por qué estaba allí, pero no le creyeron porque estaban convencidos de que era el ladrón que faltaba y que, sabiendo que sus cómplices estaban presos, inventaría cualquier cosa para poder disfrutar él solo del botín; así que se lo llevaron a las mazmorras de palacio junto con los 39 ladrones.

Final A
Al día siguiente, Alí Babá consiguió salir de su encierro

y fue en busca de su mujer. Le contó toda la historia y ella, entusiasmada por el oro pero a la vez asustada, acompañó a Alí Babá hasta la cueva. Los dos cogieron un buen puñado de oro con el que compraron un centenar de caballos y los llevaron a la casa de su hermano. Durante varios días se dedicaron a trasladar el oro de la cueva al interior de la casa. Una vez habían vaciado casi por completo el contenido de la cueva, teniendo en cuenta que su hermano estaba preso y que uno de los ladrones estaba aún libre, se pusieron a buscarlo.

Tardaron varios días en dar con él. Se había escondido en el bosque para que no le encontrarán los guardias, pero Alí Babá conocía muy bien el lugar y le tendió una trampa. Así que lo ató al caballo y lo llevó al reino, donde le entregó a cambio de que soltaran a su hermano. Este, enfadado con Alí Babá por haberle vencido, cogió un caballo y se marchó del reino.

Alí Babá ahora viviría en una casa con cien caballos que le servirían para vivir felizmente con su mujer. Decidió asegurarse de que los ladrones jamás intentasen robarle su tesoro, por lo cual repartió su fortuna en muchos sacos pequeños y le dio un saquito a cada uno de los habitantes del pueblo, quienes se lo agradecieron enormemente porque iban a poder mejorar sus casas, comprar animales y comer en abundancia.

Así fue cómo Alí Babá le robó el oro a un grupo de ladrones que atemorizaba a varios pueblos vecinos, repartió sus riquezas con los demás y echó a su malvado hermano del pueblo, pudiendo dedicarse por entero a sus caballos y no teniendo que trabajar más vendiendo leña.

FINAL B

El ladrón que faltaba esperó a la noche para salir de la cueva, llevando consigo más de lo que podía cargar, pues los guardias se habían llevado todos los caballos, así que fue dejando un rastro de joyas y monedas, por lo que al amanecer fue prendido y encerrado.

El hermano de Alí Babá, Sesem (o Qasim en algunas versiones), sí fue hasta la cueva bien aprovisionado de linternas, alforjas y caballos, y pudo entrar en ella gracias a las palabras mágicas: "¡Ábrete, sésamo!".

Dentro, se quedó estupefacto ante las riquezas que ahí había, así que empezó a llenar bolsas y alforjas con tal entusiasmo que, tras horas de llenar y llenar y de acercar a la puerta de piedra sus ganancias, se quedó exhausto, y decidió echar una siesta.

Cuando despertó, comió y bebió de lo que llevaba, para reponerse un poco, y luego se acercó a la puerta y le ordenó: "¡Ábrete, cebada!".

Por supuesto, la puerta de piedra ni se inmutó.

"¡Ábrete, centeno!".

Y nada de nada.

"¡Ábrete, ajonjolí!" (que es lo mismo que sésamo, pero no es la misma palabra).

Tampoco, no había forma.

Probó con todos los cereales que recordaba, las frutas y las verduras, y finalmente se dio por vencido, esperando que Alí Babá fuera a rescatarlo para repartir con él todo ese oro: al fin y al cabo, eran hermanos.

Pero Alí Babá, como buen creyente honrado, ¡Alá es grande!, no volvió a la cueva por el oro, pues no era suyo y estaría muy mal robarlo.

De su hermano, aunque lo dejó encerrado, no se acordó hasta que un emir fue a anunciarle su desaparición y la necesidad de hacerse cargo de los bienes de Sesem, que se encontraban abandonados.

Entonces, Alí Babá llamó a las autoridades para contarles lo que sabía de la cueva y sus tesoros, pues temía que su hermano hubiera ido a sacarlos.

Ahí encontraron el cadáver de Sesem y el tesoro intacto, que devolvieron a sus legítimos dueños y repartieron entre los pobladores cercanos, dándole a Alí Babá una justa recompensa por su honradez, ¡Alá es Grande!, que su mujer administró con diligencia para que no les faltara nada de ahí en adelante.

Hay más versiones, y, aunque todas se parecen, en algunas se desprenden valores de honradez que no se encuentran en otras, o los nombres, menos el de Alí Babá, cambian, y en lugar del hermano, es un amigo; en otras los 40 ladrones no son prendidos por la justicia, sino que se matan entre ellos por la ambición de poseer lo robado.

No faltan las versiones en las que Alí Babá se convierte en el cabecilla de los 40 ladrones y, en consecuencia y como dice el viejo chiste árabe: "Me gustaría que el gobierno estuviera dirigido por Alí Babá, porque solo cuenta con cuarenta ladrones, mientras que en el palacio del sultán hay por lo menos mil bellacos que roban todo lo que pueden."

El ladrón de Bagdad, versión libre

Abu, un pícaro adolescente, niño abandonado de las calles de la populosa Bagdad, vive a expensas de los demás, robando lo que puede y disfrutando de su botín sin preocuparse de nada, hasta que, un día, desde su cómodo escondite ve a la princesa y se enamora perdidamente de ella.

Audaz y descarado, no se detiene hasta entrar en palacio y conocerla en persona, lo que divierte a la princesa, que se burla de sus pretensiones amorosas porque, claramente, él es un mendigo y ella toda una señora rica y poderosa.

La guardia real lo sorprende y Abu tiene que huir lo más lejos posible, pues sabe que su audacia puede costarle la vida, así que se encamina hacia el mar con el propósito de abordar una barca y marcharse fuera de los dominios de Bagdad.

Abu llega desfallecido a una recóndita playa, lejos del muelle principal donde abundan los guardias reales.

Ahí se echa sobre la arena, a la espera de atisbar una barca que lo saque del problema en el que se ha metido, pero ninguna barca aparece en el horizonte. Hambriento y sediento, decide tomar una siesta al amparo de una pequeña cueva donde no llega la marea.

Tras el largo sueño, algo le golpea los pies y lo despierta: es una botella de color brillante turquesa que hasta ahí había arrastrado la marea.

Abu, sediento, abre la botella para beber de ella, y al abrirla, ¡oh, sorpresa!, empieza a salir humo, y del humo brota una figura gigantesca, un genio de mirada y voz de trueno, que le dice:

—Gracias, ¡serás una buena cena!

—¿Quién eres? —le pregunta Abu.

—El genio de la botella, está claro, y tú eres mi cena.

—No te creo.

—¿Qué es lo que no crees?

—Pues que seas un genio, y menos que hayas salido de la botella.

—¡Lo soy y puedo demostrarlo, insignificante mortal!

—¿De verdad? No te creo.

—Pon atención y lo verás, luego serás mi cena.

El genio, en un alarde de prepotencia y vanidad, se hizo humo y se metió en la botella. Entonces Abu, rápido y con diligencia, la volvió a tapar.

—Ahora sí te creo —le dijo al genio—, pero no seré tu cena.

Abu iba a lanzar la botella de nuevo al mar, pero los gritos desesperados del Genio le hicieron cambiar de opinión.

—¿Qué tanto gritas, genio malvado?

—¡No me arrojes, por favor! ¡Por Alá te lo pido!

—¿Te entierro en la arena?

—¡No, no!

—¿Te guardo en la cueva?

—¡Tampoco! Por favor, sácame de aquí y...

—¿Y?

—Te prometo cumplirte lo que pidas.

—¿Lo que sea?

—Bueno, no todo... pues no puedo matar ni dañar a nadie por tu deseo, no puedo hacer que nadie se enamore de ti, y no puedo ir contra las leyes del rey Salomón, pero, fuera de eso, puedo hacer por ti lo que quieras.

—¿Lo prometes?

—¡Lo juro por Alá!

—Está bien, espero, por Alá, que cumplas tus promesas.

Abu destapó la botella, el genio salió bufando como mil demonios, encaró a Abu, y le dijo de muy mal humor:

—¡Pídeme lo que deseas!

—Lo primero —dijo Abu—, una buena cena para los dos, que mi abuelo me dijo siempre que no hay que tomar decisiones con el estómago vacío.

—¡Así sea! —chascó los dedos el genio y tuvieron frente a ellos una opípara cena, que disfrutaron y celebraron comiendo, bebiendo, cantando y contándose historias.

Ya relajados y casi amigos, Abu se quedó pensativo, meditando en qué podía pedirle al genio que fuera bueno y certero, sin dañar a nadie y sin lograr por medios mágicos el amor de la princesa.

—Quiero —dijo por fin— ser un príncipe con todo lo que ello conlleva, palacio, riquezas, arcas y despensas siempre llenas, servidumbre y una guardia real que sea leal y me defienda.

—¿Nada más?

—De momento, solo eso.

—¡Que así sea!

Abu quedó fascinado y contento en su nuevo palacio, y, como nuevo príncipe de la región, solicitó ser recibido por el sultán de Bagdad, con el propósito de ver nuevamente a la princesa y reiterarle su amor.

Su sorpresa fue encontrarse con un sultán anciano e infantil, que se dedicaba a disfrutar de su vejez con los juguetes e ingenios que le iban llegando, mientras el oscuro y malvado visir gobernaba sobre el pueblo y mandaba sobre *los ejércitos, enriqueciéndose y ganando poder día a día.*

El visir desconfió de un nuevo príncipe que había aparecido de un día para otro, prácticamente de la nada, y mandó a sus espías a que lo investigaran.

La princesa, detrás de unos velos, vio al apuesto príncipe que ahora era Abu y le pareció familiar, pero no sabía de qué ni en dónde lo había visto antes, así que le pidió a sus sirvientas que lo investigaran.

Los espías del visir descubrieron que un genio habitaba el palacio del nuevo príncipe, y las sirvientas de la princesa, también.

En una segunda visita al sultán, al que le llevó como presente una alfombra voladora para que se divirtiera el monarca, le pidió la mano de su hija.

—Lo siento, hijo mío —le contestó el anciano—, ya se la tengo dada al visir.

Abu quedó estupefacto, y, en un arrebato de locura, fue por la princesa, la subió en la alfombra voladora y huyó con ella hacia su palacio.

El visir, al enterarse, montó en cólera y ordenó ir tras ellos con todo el ejército, para destruir, de paso, lo que había construido el genio, a sabiendas de que protegiendo a Abu no podía hacerle daño a nadie más.

La princesa, que tampoco sabía que estaba comprometida con el viejo y desagradable visir, reconoció por fin a Abu y le dijo que, puestos a escoger, lo prefería a él, pero que tendría que ganarse su amor y ganarse el respeto de todos más allá de los favores de la magia.

El genio estuvo de acuerdo, y planeó distraer y confundir al ejército del visir para que Abu lo enfrentara de hombre a hombre y cuerpo a cuerpo, anulando, de paso, los poderes mágicos del visir para que no tomara ventaja en el duelo.

El visir, como viejo experimentado en las armas, enfrentó a Abu seguro de que ganaría la contienda, pero Abu, hijo de la calle, no eran un rival cualquiera y terminó sometiendo al visir, haciendo que le devolviera el poder al sultán, que debía ser responsable de su reino, en lugar de pasar el tiempo jugando.

La princesa quedó impresionada del carácter y la sabiduría de Abu, que fue nombrado como nuevo visir de Bagdad, con un trabajo enorme para deshacer lo que había hecho el visir defenestrado.

Cuatro años después, y con el sultán recuperado, la princesa se casó con Abu, y fueron todo lo felices que un matrimonio puede ser.

¿Y el genio?

El genio volvió a su botella, pero con un mecanismo especial para que pudiera quitar la tapa desde dentro.

Ahmed Abdullah publicó en 1924 la novela *El ladrón de Bagdad*, basada en las historias de *Las mil y una noches*, sobre todo en la de Aladino y su lámpara maravillosa, que se convirtió en varias películas de éxito.

SIMBAD EL MARINO

Hace muchos años vivía en Bagdad un joven que tenía por oficio el ser cargador de mercancías que llevaba por toda la ciudad.

Todos los días acababa agotado de tanto cargar cajas y se lamentaba, pues lo que ganaba no le servía para salir de la pobreza.

Un día, al final de la jornada, se sentó a descansar junto a la puerta de la casa de un rico comerciante. El hombre, que estaba dentro, le oyó quejarse de su mala suerte en la vida:

—¡Trabajar y trabajar es lo único que hago! Al final del día solo consigo recaudar tres o cuatro monedas, que apenas me dan para comprar un mendrugo de pan y un poco de pescado ahumado. ¡Qué desastre es mi vida!

El comerciante sintió lástima por el chico y le invitó a cenar algo caliente. El muchacho aceptó, y se quedó asombrado al entrar una vivienda tan lujosa y con tan ricos manjares sobre la mesa.

—¡No sé qué decir, señor! Nunca había visto tanta riqueza.

—Así es —contestó educadamente el hombre—. Soy muy afortunado, pero quiero contarte cómo he conseguido todo lo que ves. Nadie me ha regalado nada y solo espero que entiendas que es el fruto de mucho esfuerzo.

El comerciante, que se llamaba Simbad, relató su historia al intrigado muchacho.

—Verás, mi padre me dejó una buena fortuna, pero la malgasté hasta quedarme sin nada. Entonces, decidí que tenía que hacerme marino.

—¿Marino? ¡Qué maravilla!

—Sí, pero no fue fácil. Durante el primer viaje, caí del barco y nadé hasta una isla, que resultó ser el lomo de una ballena. ¡El susto fue tremendo! Por suerte, me salvé de ser tragado por ella. Conseguí agarrarme a un barril que flo-

taba en las aguas y la corriente me llevó a orillas de una ciudad desconocida. Vagué de un lado para otro durante un tiempo, hasta que logré que me admitieran en un barco que me trajo de regreso a Bagdad. ¡Fueron días muy duros!

Terminó de hablar y le dio al chico cien monedas de oro a cambio de que al día siguiente, al terminar su trabajo, regresara a su casa para seguir escuchando sus relatos. El joven, con los bolsillos llenos, se fue dando botes de alegría. Lo primero que hizo fue comprar un buen pedazo de carne para preparar un asado y cenó opíparamente.

Simbad el marino emprende viaje

Al día siguiente volvió a casa de Simbad, tal y como habían acordado. Tras la cena, el hombre cerró los ojos y recordó otra parte de su emocionante vida.

—Mi segundo viaje fue muy curioso. Avisté una isla y atracamos el barco en la arena. Buscando alimentos encontré un huevo y, cuando me disponía a cogerlo, un ave enorme se posó sobre mí y me agarró con sus fuertes patas, elevándome hasta el cielo. Pensé que quería dejarme caer sobre el mar, pero, por suerte, lo hizo sobre un valle lleno de diamantes. Cogí todos los que pude y, malherido por la caída, salí de allí a duras penas. Finalmente logré localizar a la tripulación de mi barco, pero por poco no lo cuento.

Cuando terminó de rememorar su segundo viaje, le dio otras cien monedas de oro, invitándole a regresar al día siguiente. Al joven le encantaban las aventuras del viejo Simbad el marino y fue puntual a su cita. Una vez más, el hombre se sumió en sus apasionantes recuerdos.

—Te parecerá raro, pero a pesar de que ya era rico y vivía plácidamente, me sentí inquieto y quise volver al mar una tercera vez. De nuevo, corrí aventuras muy emocionantes, como la siguiente. Llegamos a una isla donde habitaban cientos de pigmeos salvajes que destrozaron nuestro barco. Nos apresaron y nos llevaron ante su jefe, que era un gran gigante de un solo ojo y mirada espantosa.

—¿Un gigante? ¡Alá sea alabado!

—¡Sí, era terrorífico! Se comió a todos los marineros, pero como yo entonces era muy delgado, le parecí poco apetitoso y me dejó de lado. Cuando terminó de devorarlos se quedó dormido, y yo aproveché para coger el atizador de las brasas, que estaba al rojo vivo, y se lo clavé en su único ojo. ¡El alarido fue aterrador! Giró con rabia sobre sí mismo, pero ya no podía verme y aproveché para huir. Llegué hasta la playa, y un comerciante que tenía una barquita me recogió y me regaló unas telas para vender *cuando llegásemos a buen puerto. Gracias a su generosidad, vendí muy bien todas las telas e hice una buena fortuna, y luego regresé a casa.*

El joven estaba entusiasmado escuchando los relatos del intrépido Simbad el marino. ¡Cuántas aventuras había vivido ese hombre!

Durante siete noches, Simbad contó una nueva historia, un nuevo viaje, cada uno más fantástico que el anterior. Y como siempre, antes de despedirse, le regalaba cien monedas.

Cuando finalizó su último encuentro, se despidieron con afecto. El comerciante no quiso que se fuera sin antes decirle algo importante:

—Ahora ya lo sabes, quien algo quiere, algo le cuesta. El destino es algo por lo que hay que luchar y que cada uno debe forjarse. ¡Nadie en esta vida regala nada! Espero que el dinero que te he dado te ayude a empezar nuevos proyectos y que lo que te he contado te sirva en el futuro. No lo dilapides y aprovecha la oportunidad que te ha dado la fortuna, pues todo es designio de Alá.

Cualquier parecido de Simbad con Ulises (Odiseo) no es pura coincidencia, pues la cultura árabe, sobre todo la de la Edad Media, conocía perfectamente los textos homéricos, las disertaciones de Aristóteles y las aventuras de los dioses griegos, como bien nos lo transmitió el sabio Avicena, mientras el catolicismo europeo apostaba por el dogma y se negaba a abrirle las puertas a la ciencia.

Los cíclopes no son habituales en la mitología

árabe, y los pigmeos fueron un mito hasta que se descubrió que eran reales, de carne y hueso; el roc, ave gigantesca, aunque solo aparece en las aventuras de Simbad sí formaba parte del bestiario de los beduinos, y le adjudicaban la pérdida de ganado que se llevaba entre sus garras, así como la colaboración con Bahamut para sostener al mundo.

Aladino encuentra la lámpara maravillosa.

ALADINO Y LA LÁMPARA MARAVILLOSA, VERSIÓN BREVE

Lejos, muy lejos, en una ciudad de la China milenaria, un joven llamado Aladino se pasaba los días vagando y ju-

gando con sus amigos. Su padre, un humilde sastre, trató de enseñarle el valor del trabajo, pero Aladino se negó a ayudarlo. Incluso después de la pérdida de su padre, Aladino prefería estar en la calle vagando que ayudar a su madre a ganarse el sustento.

Un día, un extraño muy adinerado se acercó al joven y, al verlo sin propósito en la vida, quiso engañarlo.

—Tu padre, Mustafá, era mi hermano. Yo soy tu tío —le dijo el extraño a Aladino.

Aladino, siendo muy ingenuo, llevó al hombre a su casa.

—Mustafá nunca habló de un hermano —dijo la madre de Aladino.

—Viajé por el mundo por cuarenta años —respondió el hombre—. Fue tanto el tiempo y la lejanía que mi hermano se olvidó de mí. Permíteme viajar con mi sobrino y haré de él un hombre muy próspero.

La madre, con la ilusión de ver a su hijo convertido en un hombre de bien, aceptó la propuesta. Al día siguiente, el hombre llevó a Aladino a un bosque apartado de la ciudad y preparó una fogata arrojando en ella un polvo extraño. De repente, justo bajo la fogata, se abrió una gran zanja en la tierra.

—Sobrino, en esa zanja encontrarás una escalera —dijo el hombre—, desciende en ella hasta que encuentres una caverna, en la caverna verás una pared con un agujero. En el agujero hay una lámpara. ¡Tráemela!

Pero el hombre era en realidad un hechicero. Él sabía de la existencia de una lámpara con poderes mágicos y había viajado una gran distancia para encontrarla.

Aladino, como cualquiera en su lugar, sentía miedo de bajar la escalera, pero el hechicero le puso un anillo de oro con una gran esmeralda y dijo:

—*No sientas miedo, toma este anillo como un regalo. Solo es uno de los muchos regalos que recibirás de mi parte. ¡Apúrate o nos alcanzará la noche!*

El anillo era lo único que el hechicero llevaba de valor. Su verdadera intención era quitárselo al joven tan pronto tuviera la oportunidad. Aladino bajó la escalera y encontró la lámpara. Cuando comenzó a subir escuchó al hechicero decir entre dientes:

—*Cuando ese chico me entregue la lámpara, lo encerraré para siempre.*

—*¡Ayúdame a subir!* —*exclamó Aladino, dándose cuenta de su error*—. *Solo entonces te entregaré la lámpara.*

—*¡Dámela ahora mismo!* —*dijo el hechicero enfurecido.*

Pero Aladino se negó a entregarle la lámpara. Fue entonces cuando el hechicero cerró la zanja en la tierra. No había razón para insistir, la lampara perdería su magia si era arrebatada a la fuerza. ¡Aladino estaba atrapado!

Sin recordar que llevaba el anillo, Aladino frotó sus manos para rezar cuando, de la nada, ¡apareció un genio!

—*Soy el genio del anillo* —*dijo*—, *¿qué puedo hacer por ti?*

—*Solo quiero volver a casa* —*respondió Aladino, asustado.*

Al instante, Aladino se encontraba en casa con su madre.

—*No comprendo por qué ese hechicero tenía tanto interés en esta vieja y sucia lámpara* —*dijo Aladino mientras frotaba la lámpara con un pañuelo para limpiarla.*

En un segundo apareció otro genio, mucho más grande que el genio del anillo.

—Soy el genio de la lámpara —dijo—, ¿qué puedo hacer por ti?

—¡Tráenos algo de comer! —exclamó Aladino, sin dar aún crédito de lo que veía.

El genio desapareció, y luego regresó con exquisitos platos de comida.

Aladino vivió cómodamente con su madre hasta que, un día, vio a la hija del sultán y se enamoró de ella. Con la ayuda del genio de la lámpara, llenó un baúl con las más finas joyas y las envió con su madre al palacio.

—Este presente es de parte de mi hijo, Aladino —dijo la madre—. Él desea casarse con su hija.

—¡Qué extraordinarias joyas! —respondió el Sultán—. Pero tu hijo debe darme muchas más. Cuando considere que recibí lo debido, le daré el consentimiento para casarse con mi hija.

Nuevamente, con la ayuda del genio, Aladino envió más baúles llenos de joyas al palacio. El sultán estaba dichoso.

No pasó mucho tiempo antes de que Aladino se casara con la princesa. Él guardó la lámpara en el palacio, pero no le habló a la princesa de su magia.

Pronto, las noticias de la boda de Aladino llegaron a oídos del hechicero. A la mañana siguiente, esperó a que Aladino saliera del palacio y, disfrazado de mercader, salió a la calle pregonando:

—Cambio lámparas viejas por lámparas nuevas.

Cuando la princesa se enteró, salió de inmediato a cambiar la lámpara vieja y sucia de Aladino.

Tan pronto la princesa le entregó la lámpara, el hechicero la frotó y apareció el genio:

—Desaparece a la princesa y al palacio. Llévalos, junto conmigo, a una tierra muy lejana —dijo el malvado hechicero.

A su regreso, Aladino se enteró de que su esposa y el palacio habían desaparecido.

—Esto es obra del hechicero —pensó. Desconsolado, se sentó en la orilla del río y lloró. Al frotarse los ojos con las manos, frotó también el anillo mágico. El genio del anillo apareció.

—¿En qué puedo servirte, mi señor?

—¡Devuélveme a mi esposa y mi palacio! —exclamó Aladino.

—Solo el genio de la lámpara puede hacerlo —dijo el genio del anillo.

—Entonces llévame hasta ellos —contestó Aladino.

En segundos, Aladino llegó hasta África y encontró a la princesa mirando a través de la ventana en la torre más alta del palacio. En cuanto tuvieron la oportunidad de hablar a escondidas, Aladino le preguntó por su lámpara.

—El hechicero la lleva a todas partes —dijo la princesa. Aladino se acercó a ella y susurró unas pocas palabras en su oído.

Esa noche, la princesa puso algo en la bebida del hechi-

cero. Pronto, este se quedó dormido. La princesa tomó la lámpara y escapó. Sin espera, Aladino frotó la lámpara haciendo aparecer al genio.

—Llévanos a China, pero deja al hechicero aquí —ordenó Aladino.

En un abrir y cerrar de ojos, Aladino y su princesa estaban en China, con todo y su palacio.

A partir de entonces no hubo más secretos entre la joven pareja, y así pudieron vivir felices durante mucho tiempo, vigilando siempre que no volviera a aparecer por ahí el oscuro hechicero.

Se puede decir que hay miles de versiones y adaptaciones a la historia de Aladino, tanto en cuento como en novela, verso y prosa, películas y teatro, musicales incluidos, a veces muy occidentalizado y otras veces conservando la magia árabe de Medio Oriente, pero siempre con éxito de público.

El ladrón de Bagdad se le parece mucho, con la trama del amor y de salvar a la princesa, luchar contra fuerzas del mal que amenazan siempre la felicidad, señalando las diferencias económicas y sociales que se dan en todo el mundo, y comparando la felicidad con la riqueza material, algo que algunos critican.

La frescura de Aladino seduce, además, por su ingenuidad, la contraparte de la malicia, que sigue presente en nuestro mundo a pesar de las críticas más modernas que pretenden cancelarlo todo, lo que no deja de ser también un acto de ingenuidad, porque hay cuestiones anímicas y hasta hormonales en la humanidad que no van a desaparecer ni a cambiar por mucho que sean atacadas.

La ilusión es la ilusión, y la esperanza es la esperanza, tanto que en la mente humana caben tanto los dioses como los mitos, y los sentimientos más irracionales con la razón más diáfana y clara.

Las mitologías se construyen de sueños, y tal parece que de momento no vamos a dejar de soñar.

EL HOMBRE QUE SOÑÓ

Había una vez en Bagdad un hombre rico que perdió todo su caudal y quedó tan desposeído que solo trabajando duramente podía ganarse la vida. Una noche se acostó a dormir, abatido y pesaroso, y vio en sueños a un personaje que le decía:

"En verdad, te digo, que tu fortuna está en El Cairo. Ve allá y búscala."

Y el hombre se puso en camino del Cairo. Pero a su arribo lo sorprendió la noche y se acostó a dormir en una mezquita. Más tarde, por designio de Alá Todopoderoso, entró en la mezquita una banda de malhechores, que a través de ella penetraron en la casa vecina. Mas los propietarios, perturbados por el ruido de los ladrones, despertaron y dieron la alarma. Y enseguida acudió en su ayuda, con sus hombres, el jefe de policía.

Huyeron los ladrones, pero el comisario entró en la mezquita y, encontrando allí dormido al hombre de Bagdad, creyendo que era el ladrón lo aprehendió, y le hizo dar tantos azotes con varas de palma que casi lo dejaron por muerto. Lo arrojaron después a la cárcel, donde estuvo tres días. Cumplidos los cuales, el jefe de policía, que ya había aprehendido al verdadero ladrón, mandó buscarlo y le preguntó:

—¿De dónde eres?

Y él respondió:

—De Bagdad.

—Dijo el comisario:

—¿Qué te trae al Cairo?

Respondió el de Bagdad:

—En un sueño vi a un hombre o a un genio que me decía: «Tu fortuna está en El Cairo. Ve a buscarla». Mas cuando llegué al Cairo, descubrí que la fortuna que me prometía eran los azotes que tan generosamente me han dado.

El comisario se rio hasta dejar a la vista sus muelas del juicio.

"Hombre de poco ingenio", le dijo, "tres veces he visto yo en un sueño a alguien que me decía: «Hay en Bagdad una casa, en tal barrio y de tal aspecto, y tiene un jardín en cuyo extremo hay una fuente, y bajo ella una gran suma de dinero sepultada. Ve y tómala». Pero yo no fui. En cambio tú, por tu poca cabeza, has viajado de un lado a otro, dando crédito a un sueño que no era más que un ocioso engaño de la fantasía, una burla de los genios".

Y le dio algo de dinero, diciéndole:

—Anda, que con esto puedes regresar a tu país.

Y el hombre tomó el dinero y emprendió el regreso. Pero,

pensándolo bien, la casa que el comisario le había descrito, ¡por Alá el más generoso!, ¿no era la propia casa que el pobre apaleado tenía en Bagdad?

Así que, cuando estuvo en ella, el buen hombre cavó con furor bajo la fuente de su jardín, ¡y, por Alá, descubrió un gran tesoro!

Y así, por gracia de Alá, ¡grande y misericordioso!, ganó la maravillosa fortuna que en sueños se le había revelado.

Nunca renuncies a tus sueños, sobre todo si en ellos aparece un genio.

No son pocos los que se atreven a señalar que la influencia de la literatura y de la mitología árabe son la verdadera fuente del romanticismo occidental, con una fuerte influencia en el lenguaje y la exacerbación de los sentimientos arábigos sobre la dura coraza de los europeos medievales, que ya en el Renacimiento empezaron a filtrar en los cuentos moriscos que aparecen en el *Quijote* de Cervantes y en *El moderno Prometeo* de la Shelley, donde las princesas enamoradas sufren y lloran el secuestro o el encierro alejadas de su amor, que tarde o temprano irá a rescatarlas, una clara influencia hasta el siglo XIX, como se muestra en el magistral poema romántico de Rubén Darío, el célebre poeta nicaragüense:

SONATINA

La princesa está triste... ¿qué tendrá la princesa?
Los suspiros se escapan de su boca de fresa,

que ha perdido la risa, que ha perdido el color.
La princesa está pálida en su silla de oro,
está mudo el teclado de su clave sonoro,
y en un vaso olvidada se desmaya una flor.

El jardín puebla el triunfo de los pavos reales.
Parlanchina, la dueña dice cosas banales,
y, vestido de rojo, piruetea el bufón.
La princesa no ríe, la princesa no siente;
la princesa persigue por el cielo de Oriente
la libélula vaga de una vaga ilusión.

¿Piensa acaso en el príncipe de Golconda o de China,
o en el que ha detenido su carroza argentina
para ver de sus ojos la dulzura de luz?
¿O en el rey de las islas de las rosas fragantes,
en el que es soberano de los claros diamantes,
o en el dueño orgulloso de las perlas de Ormuz?

¡Ay! La pobre princesa de la boca de rosa,
quiere ser golondrina, quiere ser mariposa,
tener alas ligeras, bajo el cielo volar,
ir al sol por la escala luminosa de un rayo,
saludar a los lirios con los versos de mayo,
o perderse en el viento sobre el trueno del mar.

Ya no quiere el palacio, ni la rueca de plata,
ni el halcón encantado, ni el bufón escarlata,
ni los cisnes unánimes en el lago de azur.
Y están tristes las flores por la flor de la corte,
los jazmines de Oriente, los nelumbos del Norte,

de Occidente las dalias y las rosas del Sur.

¡Pobrecita princesa de los ojos azules!
Está presa en sus oros, está presa en sus tules,
en la jaula de mármol del palacio real;
el palacio soberbio que vigilan los guardas,
que custodian cien negros con sus cien alabardas,
un lebrel que no duerme y un dragón colosal.

¡Oh, quién fuera Hipsipila que dejó la crisálida!
(La princesa está triste. La princesa está pálida)
¡Oh, visión adorada de oro, rosa y marfil!
¡Quién volara a la tierra donde un príncipe existe,
(La princesa está pálida. La princesa está triste)
más brillante que el alba, más hermoso que abril!

¡Calla, calla, princesa —dice el hada madrina—,
en caballo con alas, hacia acá se encamina,
en el cinto la espada y en la mano el azor,
el feliz caballero que te adora sin verte,
y que llega de lejos, vencedor de la muerte,
a encenderte los labios con su beso de amor!

RUBÉN DARÍO

La influencia arábiga también está presente, como si se tratara de un cuento de *Las mil y una noches*, en la arquitectura preciosista de La Alhambra, o en las mezquitas de Granada y de Córdoba, en las artes arabescas con sus fractales y sus fuentes cantarinas y de colores, en la medicina, en las matemáticas, en la astronomía y hasta en el sentido de ser y estar en un mundo mágico y maravilloso donde todo, absolutamente todo, es posible.

VII
ASTROLOGÍA ÁRABE

El sol es más o menos
fijo y constante,
pero poderoso,
mientras que la luna
es errática y caprichosa,
pero seductora;
y así parecen ser varón y hembra,
aunque no lo sean.
SEPHARIAL

A diferencia de otras religiones, el islam apoyó a las ciencias y a las artes, dejando la intuición del alma para las creencias, y la visión clara de la razón para la ciencia, sin que una fuera en detrimento de la otra.

Alquimia, física, matemáticas, medicina, filosofía, minería, agricultura, ingeniería, ganadería y astrología, entre muchas otras, como la política y el estudio de la sociedad, no fueron reprimidas nunca, sino todo lo contrario, pues los dogmas de la mezquita no influían en ellas; mientras que la teología, las leyes sagradas, no negaban el pensamiento racional; incluso los productos de la imaginación creativa como la literatura, la música y la pintura no menoscababan el estudio de las ciencias, pues además de talento innato requerían disciplina, y servían para alabar a la naturaleza, la belleza y la creación tanto como las obras humanas.

Esto fue así durante más de mil años, y en algunos sectores del islam lo sigue siendo, donde la astrología árabe tiene su lugar como ciencia de observación épica y natural más que como ciencia de adivinación personal, aunque en los últimos años también sirva para eso.

Se podría decir que los árabes eran más astrónomos que astrólogos, aunque muchos de sus sabios, o de sus magos y brujos —aunque en algunos estuvieran prohibidos, desacreditados o perseguidos— desde el siglo II antes de nuestra era ya andaban levantando cartas astrales a diestra y siniestra en las calles del Cairo, para quien tuviera curiosidad por su carácter y por su destino, siempre y cuando pudiera pagarlo.

Por el resto, la astronomía árabe no hacía predicciones para las personas, pero sí para las siembras y las cosechas, el destino de ciertos califatos y la evolución de los pueblos en comparación con los movimientos estelares, guerras incluidas cuando hacía demasiado calor y la influencia solar se hacía irritable; por lo demás, medía y calculaba las fases de la luna, los eclipses, los movimientos de los planetas, e intentaba hacer cálculos matemáticos de dichos movimientos, pesos y tamaños, lejanía y cercanía, a veces poco atinados, porque la luna era considerada la más grande por su cercanía en los primeros tiempos, pero poco a poco, pasando por Ptolomeo y Aristóteles, fueron afinando sus observaciones.

Astronomía y astrología árabes.

Los signos zodiacales árabes que han llegado hasta nuestros días son de orden medieval y con símbolos guerreros y épicos, pues en aquellas épocas se encontraban en guerra perpetua con sus vecinos y con Europa:

PUÑAL

En la mitología árabe, el cuchillo es el símbolo de la acción y la insistencia, de que lo pequeño puede influir y penetrar y hacerse grande; arma de lucha y de defensa que puede manejar cualquiera tanto para defenderse como para lograr sus objetivos.

LOS HOMBRES PUÑAL

Suelen ser viriles, silenciosos, activos de hechos, no de palabras, grandes guerreros en todos los campos, prestos a destacar y a ser los mejores. Mal hacen los hombres puñal si no son como lo descrito, pues cavan su propio descrédito.

LAS MUJERES PUÑAL

Suelen ser fogosas, ardientes, fuertes y de belleza juvenil, libres e independientes, capaces de poner al mundo de cabeza con su manera de ser. Mal hacen las mujeres puñal cuando quieren imitar a los hombres y se pierden a sí mismas por el camino de la mentira.

SU ROCA

O talismán, es toda piedra de color marrón rojizo, pues vibra tanto con su corazón como con su alma, dándole valor y prestancia, además de fortuna en el comercio.

SU DESTINO

Suele ser el frente de guerra, pero también la ingeniería y el comercio. Haga lo que haga, el puñal debe intentar llegar a lo más alto de su destino, y nunca conformarse con la mediocridad.

Puñal árabe, el que decide.

Su salud

Su salud será fuerte si se ejercita disciplinadamente todos los días, y débil si se deja llevar por la abulia y la vagancia. Por supuesto, corre todos los peligros de la milicia, por lo que debe moderar su temperamento para no caer fácilmente.

Su fortuna

Su abundancia está más o menos asegurada, ya que siempre habrá un general o un amigo que lo ayude y proteja en los malos momentos. Como sabe comprar y vender, nunca le faltará el sustento. Procura ser siempre el que decide y nunca el que sirve a un amo, para que tu fortuna crezca.

SUS AMORES

Serán apasionados, pero no serán nada fáciles, y aunque la gente puñal es capaz de despertar amor y atracción, no sabe mantener la continuidad necesaria en el matrimonio, por eso, en lugar de enamoramientos, debe buscar un buen matrimonio concertado.

CLAVA

La clava es más amable, y también más peligrosa, de lo que parece, pues hay que saber usarla para que no se vuelva en contra de uno y provoque una autolesión o un accidente; por eso la gente clava a menudo desarrolla estrategias que los demás no comprenden del todo, y le sacan partido a cualquier persona, animal o cosa.

LOS HOMBRES CLAVA

Los clava son sabios de nacimiento, ordenados y meticulosos, buenos en el fondo, pero a menudo demasiado ambiciosos y se echan a perder con el tiempo. Mal hace el hombre clava cuando finge o miente, porque tiene la desgracia que los demás se dan cuenta de su hipocresía y pueden apartarlo por ese mal comportamiento.

LAS MUJERES CLAVA

Ellas son artistas de nacimiento, tienen todas las virtudes y todos los talentos, incluso la belleza física,

y cierto don de gentes que les abre todas las puertas.
Mal hace la mujer clava cuando abandona sus dones
y odia, envidia o guarda rencor, porque eso la lleva a
la traición y a perder su libertad y autonomía.

SU ROCA

O su talismán de la suerte, son las piedras azules,
pues en ellas encontrará muchas de las respuestas
mágicas que espera de la vida, así como protección
en sus labores, artes o estudios, llenándole de con-
centración y memoria, curiosidad y soluciones.

SU DESTINO

El camino que deben seguir en esta vida está en el
campo y la siembra, tanto como entre los libros y las
cuentas; en el arte, el canto, la pintura y el dominio
de un instrumento musical, pero no es raro verle en
el ejército, el gobierno o el comercio, donde también
obtiene reconocimiento y pingües ganancias.

SU SALUD

La gente clava es de complexión fuerte para los
hombres, y débil o pequeña para las mujeres; pero
ambos débiles de la garganta y del cuello, la denta-
dura y las orejas, a veces con pequeños defectos que
esconden bajo su belleza. Si siguen el sendero correcto, su vida es sana, longeva y serena.

SU FORTUNA

Tiende siempre a ser grande en lo material, por eso
a menudo se olvidan de su alma y de lo espiritual, y

apuestan más por la comodidad que por el riesgo. De una u otra manera están condenados a la seguridad económica y a tener alguien que vele por ellos.

SUS AMORES

Suelen ser varios y diversos, tanto amables como conflictivos, porque no hay amor real y limpio que le garantice la seguridad que espera, pues pasa fácilmente de la infidelidad a los celos, y no da a la pareja la seguridad que reclama para sí. El hombre clava necesita un harén para estar más o menos contento, y la mujer clava alguien que la mantenga como a una reina o que la deje ser libre como una artista.

MAZA

Aunque no lo parezca a simple vista, la maza tiene una capacidad dual de ligereza y resistencia, de dureza y flexibilidad, que atrae lo que desea y aleja de sí todo aquello que no quiere. Aparentemente sencilla, pero en realidad diversa y compleja, capaz de acertar el tiro lejano, pero a la vez perdiendo de vista el objetivo que tiene delante de ella.

LOS HOMBRES MAZA

Son el tipo de personas que vuelan alto y recorren el mundo en busca de noticias, paisajes y aventuras, porque a menudo no se sienten a gusto con lo que tienen cerca. Mal hace el hombre maza cuando se conforma con lo que tiene y no aspira a más, pues puede hundirse en la mediocridad fácilmente, o darse a la vida marginal.

Las mujeres maza

Ellas pueden ser un torbellino difícil de controlar, tanto por ellas mismas como por los demás, y no es que no sepan lo que quieren, sino porque quieren muchas cosas a la vez. Mal hace la mujer maza cuando prueba la estabilidad de una sola línea, porque se pierde un universo de oportunidades.

Su roca

También su talismán, es toda piedra de color verde profundo, pues le da suerte y fortuna en todos los terrenos, además de procurarle viajes y aventuras, así como estudios y conocimientos.

La maza del destino.

SU DESTINO

Su sendero de vida está en el comercio y en la medicina, en el don de lenguas y en los viajes, en los mensajes y en las noticias, habilidades que debe ejercitar siempre para no sentirse sin sentido en esta vida. Incluso la justicia, para bien o para mal, puede estar en su destino. A veces servir para muchas cosas no es del todo positivo, pero siempre hay posibilidades de éxito para quien se esfuerza por cumplir con su destino.

SU SALUD

La persona maza es dura y flexible, como la maza misma, y puede pasar por todos los males y enfermedades y salir bien librada, pero no debe acostumbrarse ni a estar enferma ni a exagerar los cuidados, porque todo lo excesivo es negativo. Puede curar a los demás, pero a menudo no sabe qué hacer con el propio organismo.

SU FORTUNA

Su fortuna suele ser más estable de lo que le gustaría, y si bien tiene dotes comerciales y empresariales, a menudo se conforma con lo duradero y lo seguro. Nunca es tarde para emprender un nuevo camino en los campos de la fortuna. El riesgo meditado trae la alegría material.

SUS AMORES

Suelen ser diversos y a veces hasta raros, como la

vida misma, y, por lo mismo, un tanto conflictivos, porque por una parte sueña con la esterilidad y la ausencia de responsabilidades de pareja o de hijos, y por otra le encantaría tener una relación amorosa normal y complaciente que le dé lo que necesita, aunque no lo sepa ni la maza misma.

CUCHILLO

El cuchillo de la mitología árabe es tan grande como un machete en otras culturas, y sirve prácticamente para todo en la casa, el campo, y hasta para la guerra si es necesario, aunque sus verdaderas funciones son hogareñas, como cocinar y desbrozar las hierbas del campo, y hasta para dirigir al ganado. Duro por fuera y blando por dentro.

LOS HOMBRES CUCHILLO

Los hombres del signo del cuchillo son resistentes, disciplinados, constantes y sensitivos, lo que les hace unos buenos padres, amigos constantes y servidores de los demás y de sí mismos. Mal hace el hombre cuchillo cuando deja entrar la envidia a su existencia y le duele ver el triunfo ajeno, en lugar de alegrarse y apoyarlo, porque cae en un abismo de depresión y descrédito, deshonor y conflicto con los demás y consigo mismo.

LAS MUJERES CUCHILLO

Ellas tienen el alma grande y el corazón abierto, y

aunque pueden parecer duras y hasta amenazantes por fuera, son todo amor y comprensión por dentro, lo que las hace buenas madres, buenas hijas y mejores amigas. Mal hace la mujer cuchillo cuando se deja llevar por los vicios o por los malos sentimientos, pues la pueden llevar a la locura.

El poderoso y resistente cuchillo árabe.

Su roca

Y su talismán de la suerte, es toda piedra de color morado intenso, pues vibra con los mismos sentidos y dones de la magia que todas las personas del signo cuchillo llevan dentro, procurándoles triunfos en todos los campos y todos los terrenos, y aumentando su intuición y su desarrollo espiritual.

Su destino

Su camino en este mundo está en el hogar, en el campo, en la granja, en la recolección y hasta en el deporte y el gobierno, sin dejar de lado la investigación, la biología, la gastronomía o algunas especialidades médicas como la enfermería, la veterinaria o la pediatría. Todo lo que sea cuidar de los demás está en su destino. El poder puede caer en sus manos sin pedirlo, así que procure hacer un buen uso del mismo.

Su salud

No suele ser muy buena (quizá por eso comprende a los que sufren), sobre todo a nivel estomacal y psíquico, pero tiene una capacidad de resistencia y recuperación sorprendente. En este campo tiene que aprender a controlar racionalmente muchos de sus sentimientos y emociones, que es donde suele ser más débil.

Su fortuna

Puede ser cambiante si no sigue los pasos de su destino, pero de muy buena, a grande e importante, si es consecuente consigo mismo. La constancia y el ahorro, las buenas y sanas inversiones, pueden incrementar su patrimonio poco a poco, por lo que debe desconfiar de los garbanzos de a libra y en los golpes de buena suerte.

Sus amores

Pueden ser sanos y duraderos si los enfoca a la estabilidad, la familia, los descendientes y el legado de los abuelos; eso no evita las tentaciones ni las aventuras, los sueños locos de amor y los enamoramientos imposibles, que debe disfrutar pero mantener a raya para que no sean fuente de dolor, pérdida, abandono o conflicto. No rompa nada que no pueda reparar después.

Alfanje

El alfanje es una espada poderosa digna de sultanes y califas, que hace brillar a quienes la llevan en el cinto, aunque se requiere de algo más para brillar de verdad, pues no solo de apariencias vive el brillo. Quien lleva un arma tan poderosa debe estar dispuesto a hacer buen uso de ella.

Los hombres alfanje

Los hombres de este signo del zodiaco árabe deben estar dispuestos a triunfar y a brillar, aunque a menudo solo es una forma de disfrazar la timidez y la inseguridad que se lleva en la mente y en el corazón. Se puede nacer con todos los dones, pero hay que hacer buen uso de ellos. Mal hace el hombre alfanje que derrocha toda una fortuna en un momento.

El poderoso alfanje.

Las mujeres alfanje

Las mujeres de este signo suelen ser tan hermosas y brillantes como tener un carácter violento y desagradable. De gran corazón y generosidad, pueden pasar a la irritabilidad de un momento para otro. Suelen ser libres e independientes, valientes y osadas. Mal hace la mujer alfanje que no acepta la responsabilidad y se aferra a su mal carácter, pues caerá en una soledad que no le gusta nada.

SU ROCA

Que también es su talismán, son las piedras doradas, desde la pirita hasta el oro, pues le brindan tanto riqueza como protección, muy buena suerte en los juegos de azar pero no en el comercio, y elevan su categoría social en todo momento, además de darle buena salud y longevidad.

SU DESTINO

El camino de las personas alfanje está lleno de facilidades que los demás pueden envidiar, pero que a menudo son más responsabilidades que tiene que cargar, por eso la nobleza y la generosidad, el corazón puro y el alma sincera pueden ayudarle a soportar todo tipo de carga, fama, poder, triunfos y riquezas, desde el arte hasta las ciencias, pasando por la política y el placer.

SU SALUD

Las personas alfanje suelen ser fuertes y decididas, pero su carácter a veces incide en debilitarles el corazón, la vesícula biliar, la espalda, el coxis, la columna vertebral y hasta buena parte de su salud mental. Pueden pasar y sufrir toda clase de males y enfermedades, pero su naturaleza los lleva a sobrevivir la mayoría de las veces.

SU FORTUNA

Las personas alfanje suelen ser muy afortunadas, y no es raro que disfruten de grandes golpes de suerte, herencias o descubrimiento de tesoros, pero más a menudo de lo que parece les conviene no confiar en la fortuna y lograr por su propio esfuerzo sus rique- zas, pues de esta manera las valorarán más y no las perderán tan fácilmente.

SUS AMORES

Sus amores pueden ser grandilocuentes, y alianzas para la fortuna y el porvenir, pero del enamoramiento pueden pasar al repudio y al desamor, a la frustración y hasta al odio, por lo que deben mesurarse y apostar por la coherencia, tanto con la pareja como con los hijos y los familiares, para no acabar siendo relega- dos por todos los que le rodean.

CIMITARRA

Una de las grandes espadas del mundo medio orien- tal es, sin duda, la cimitarra, pues es una hermosa arma de lucha que disuade a los adversarios. Eso sí, debe uti- lizarse con diligencia y cuidado, pues puede herir a los demás incluso sin darse cuenta, como si su filo fueran palabras utilizadas en un mal momento.

LOS HOMBRES CIMITARRA

No hay como los hombres cimitarra para hilar fino, para encontrar los fallos propios y ajenos, descubrir dónde se esconden los tesoros y centrar el orden y el pensamiento a su alrededor, sin que se les escape el menor detalle. Pero mal hace el hombre cimitarra cuando mete el dedo en la llaga de la herida ajena, y hace daño a los demás con su frialdad y prepotencia, pues el filo de su propia espada puede acabar hiriéndolo más allá de lo que pensaba.

LAS MUJERES CIMITARRA

Ellas son mucho más prudentes que los hombres cimitarra, pero igual de detallistas y amables cuando hace falta. Sus obsesiones de trabajo, limpieza o cuidado de su persona van desapareciendo con el tiempo, y se centran más en la familia y en los nietos que en su propia persona. Mal hace la mujer cimitarra cuando se aleja de sus deberes y sueña con una vida desordenada, pues ir contra su propia naturaleza de armonía y paz, de hospitalidad y servicio hacia los demás le corroe el alma.

La hiriente cimitarra.

SU ROCA

Que es su propio talismán, son las rocas verdes transparentes, como algunas esmeraldas, pues vibran en su mismo nivel de espiritualidad, a la vez que le dan fuerza y fortuna materiales. Cuentan que a la cimitarra siempre la protege un ángel verde transparente, para darle salud e inteligencia, bienestar y abundancia.

SU DESTINO

El camino de las personas cimitarra está relacionado con la inteligencia, la diligencia, el detalle, el romanticismo, la escritura, la hospitalidad y la enseñanza, que deben expresar y utilizar de la mejor manera posible para no herir ni despertar los celos o las envidias ajenas. No faltan los críticos y los rebeldes en este sendero, que se lanzan a revoluciones que casi nadie sigue ni comprende. Paciencia, amor y calma es lo mejor para que se eleve su alma.

SU SALUD

La salud de las personas cimitarra pasa por su digestión, especialmente por el intestino delgado, el cual puede darles fortaleza, pero también dolores de cabeza y malestar estomacal. Pueden estar sanos toda la vida siguiendo una dieta adecuada y haciendo el ejercicio necesario, sin preocuparse de más nada.

SU FORTUNA

Las personas cimitarra pueden tener muy buena suerte en casi todos los campos de la vida, pero eso no les garantiza una vida millonaria, y a menudo ni siquiera una discreta riqueza; lo curioso es que pueden tener de todo, aunque en realidad no tengan de nada. Tienen muchos dones, pero eso no significa que los sepan vender como Alá manda. Eso sí, pueden enriquecer a los demás.

SUS AMORES

Los amores de las personas cimitarra pueden ser del todo románticos, correspondidos a veces, otras veces rechazados o traicionados, algunas veces platónicos y otras veces simplemente imposibles, aunque gocen de un respetable y estable matrimonio, pues una cosa es la seguridad del hogar, y otra muy distinta su corazón enamorado y poético.

CADENA

La cadena representa la unión, el equilibrio, la fuerza del grupo, la capacidad de retener lo conquistado. Como arma es muy versátil, pues puede unirse tanto a la maza como a la clava para hacerlas más efectivas, de la misma manera que puede ayudar a otras personas a sacar lo mejor de ellas mismas. Hay cadenas que atan, pero, curiosamente, también hay cadenas que liberan si son bien usadas.

LOS HOMBRES CADENA

Los hombres cadena tienen que estar unidos a algo o a alguien, aunque a menudo ese alguien no sea lo más recomendable, pero al fin y al cabo es una unión, sobre todo si de comercio o negocios se trata, donde los intereses y las ganancias son lo primero, aunque la simple amistad también es valorada. Mal hace el hombre cadena cuando quiere volar solo y desprecia a los demás, o los critica o les da consejos que no le pidieron.

Las mujeres cadena

Suelen ser hermosas y habilidosas con las flores, las semillas y las especias, pero a menudo parecen demasiado frías o lejanas, o incluso simplemente interesadas en su propio mundo sin importarles el mundo de los demás, aunque en el fondo son cálidas y hasta un poco indecisas e inseguras. Mal hace la mujer cadena cuando pone todas sus esperanzas solo en su belleza, porque el cuerpo envejece demasiado pronto y, perdida la belleza, puede encontrarse sin nada.

Su roca

Que también es su talismán de la buena suerte, son las piedras de color azul transparente, hermosas y brillantes, pues vibran en su mismo tono y nivel, y ayudan a proteger su alma tanto como su mente, alejando los conflictos que le irritan tanto y le hacen perder los nervios.

Su destino

El sendero de las personas cadena es el punto medio, el equilibrio, el ni mucho ni poco, la armonía entre las partes, la diplomacia, la sociedad, los acuerdos y las alianzas, pero también la arquitectura, la construcción y las matemáticas, tanto como la jardinería o la gastronomía detallista y elevada.

Su salud

Se puede decir que su salud es regular, ya que no

suelen tener grandes males pero tampoco una gran fortaleza. Eso sí, los riñones, la piel, el pelo, la bilis y el sentido del equilibrio son sus debilidades más frecuentes, aunque las mujeres cadena también pueden sufrir de frigidez o malestar con el sexo.

Su fortuna

No le faltarán promotores a la persona cadena, algunos que se aprovecharán de sus virtudes y otros que le quieren ayudar de verdad, pues tiene muchas virtudes y dones que dar al mundo y a la sociedad, pero debe tener presente de que lo que no haga por sí misma, rara vez le enriquecerá de verdad. Aproveche su don de gentes y su natural simpatía para generar más.

Sus amores

No todas las personas cadena son rompecorazones, aunque algunos de ellos y de ellas ponen demasiadas condiciones a sus amantes o a sus amores, y terminan cediendo con el menos conveniente, pues la vanidad y la inseguridad personal le mueven más que los verdaderos sentimientos. La maternidad y la paternidad se les da bien, pero no siempre el amor de pareja.

Daga

Para algunos astrólogos árabes la daga tiene algo de peligro, pues se le relaciona con la traición y el asesinato, las maldiciones y la brujería, o el poder oculto de las mujeres malvadas y caprichosas. Para otros es solo un instrumento de precisión que actúa cuando puede y cuando debe, sin dejarse llevar por las pasiones, aunque puede cometer errores.

LOS HOMBRES DAGA

Los hombres daga suelen ser fantasiosos, buenos narradores, simpáticos y hasta seductores, pero poco apegados a la verdad o a la realidad, y eso les puede traer todo tipo de complicaciones, sobre todo con los amigos y los familiares. Mal hace el hombre daga cuando da mal ejemplo, confundiendo la libertad con lo zafio, lo falso o lo obsceno.

LAS MUJERES DAGA

Se puede decir que la mujer daga suele ser el reverso del hombre daga, ya que siempre es discreta, apegada a la realidad y a la verdad, estable en sus emociones y en sus sentimientos, tenaz y trabajadora, dejando las fantasías para las leyendas y para los cuentos. Mal hace la mujer daga cuando no sabe guardar un secreto y opta por la falsedad para encubrir sus defectos, pues puede romper con su propio campo de acción y meterse en terrenos ajenos.

SU ROCA

Las rocas o piedras de color marrón oscuro veteado con dorado, como el ojo de tigre, son sus talismanes más preciados, los que le protegen de la violencia, los conflictos, los accidentes e incluso del envenenamiento, además de procurarle estabilidad mental y buenos y duraderos recursos.

Su destino

El sendero de las personas daga está marcado habitualmente por la gente pequeña, desde los niños hasta los qarin (pequeños y tentadores demonios), pero también por la alquimia, la astronomía, la milicia, el espionaje, la investigación, la enseñanza y hasta por la medicina natural, a la que por ignorancia le llaman brujería. Los perfumes y los venenos también son parte de su sendero.

Su salud

No hay que engañarse, las personas daga atraen la violencia hasta en sueños, y aunque los ojos y los órganos sexuales son su parte débil, también son propensas a los más extraños accidentes, ahogamientos, intoxicaciones, quemaduras y caídas, desde muy graves a leves, por lo que deben ser lo más prudentes que puedan, pero no miedosas ni paranoicas, pues sería contraproducente.

Su fortuna

Con tenacidad y esfuerzo continuado pueden lograr una sana economía, estabilidad y seguridad para el fututo y para la vejez, porque no suelen ser personas afortunadas en los juegos de azar, ni suelen gozar de protectores o promotores para desarrollar sus dones, sobre todo las mujeres daga; porque los hombres daga son capaces de echar todo por la borda en un momento de irreflexión y quedarse prácticamente sin nada.

La daga de la venganza.

Sus amores

Los amores de los hombres daga pueden ser muy complicados, sobre todo si no puede mantener a cuatro esposas o contar con un harén, porque entre sus fantasías puede echar a perder una relación sana y estable de toda una vida. Todo lo contrario de las mujeres daga, que suelen tener un matrimonio feliz, largo y seguro, sobre todo porque no saben perdonar ni hacer una traición, y en ese terreno son especialmente rencorosas, peligrosas y vengativas.

Arco

El arco es uno de los signos más preciados, porque tiene tanto la virtud del comercio como de la espiritualidad; de los estudios y las lenguas como de la justicia y de la geografía, además de ser un arma de lo más efectiva que impide que los males y los enemigos se acerquen.

LOS HOMBRES ARCO

Pueden tener prácticamente todo lo que desean por méritos propios, ya que la naturaleza los ha dotado con la capacidad de crecer y expandirse en todos los campos de la vida y de contar con valiosos colaboradores. Mal hace el hombre arco que no es generoso y escatima riquezas a sus colaboradores, porque si se alejan puede quedarse prácticamente sin futuro.

LAS MUJERES ARCO

Ellas son activas, decididas, visionarias y, a veces, un poco fuera de este mundo, con una capacidad de autorregeneración de lo más envidiable, pues siempre parecen jóvenes, ya sea por su físico como por su actitud. Mal hace la mujer arco que no eleva su espíritu y se refugia en la materia para evitar la luz.

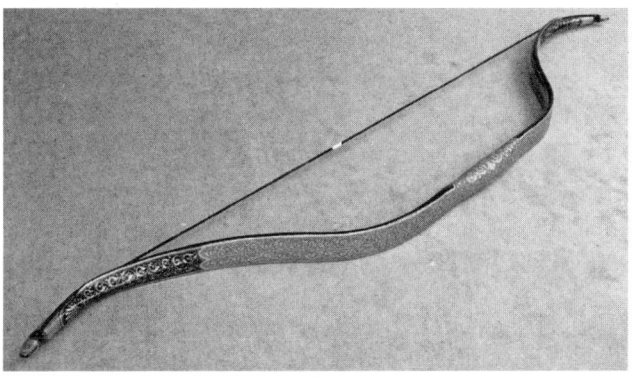

El arco del espíritu indomable.

Su roca

O bien su talismán de protección y de fortuna son las piedras rojas, como el rubí, que le brinda todo tipo de dones y de protecciones, sobre todo cuando viaja al extranjero y tiene que lidiar con fuerzas extrañas, o cuando se decide a emprender y a hacer grandes negocios.

Su destino

Las personas arco han nacido para recorrer el mundo entero, aprender otras lenguas, conocer otras culturas, hacer negocios y comercio con personas lejanas, e incluso para interesarse por la justicia, las leyes y la religión, si bien es cierto que pueden volverse fanáticas, tacañas y abusivas si no llegan a comprender el equilibrio que tiene que haber entre lo material, lo intelectual y lo espiritual.

Su salud

No es raro que las personas arco sufran todo tipo de males y de achaques desde su juventud, o que tengan enfermedades largas o crónicas, aunque no fatales, ya que son un tanto hipocondriacas. Su punto débil es la vista, los muslos y las caderas, un poco el corazón y otro poco la psique, pero suelen ser buenas en los deportes, la hípica y, por supuesto, el tiro con arco.

Su fortuna

Incluso sin tener nada, puede aspirar a tenerlo todo, ya que los negocios y el comercio fluyen por sus venas, además de que siempre será llamado para ser o hacer de abogado, jurisprudente o funcionario de un sultanato. Simplemente intente no ser tacaño con los demás y mucho menos consigo mismo.

SUS AMORES

Los hombres arco no son especialmente de harén, sino de formar linaje y familia amplia y segura, o incluso son capaces de hacerse monjes o sacerdotes sin compañía femenina alguna; mientras que las mujeres arco son más independientes y exigentes, con la posibilidad de ser viudas o de tener varias parejas más o menos estables a lo largo de su vida.

LANZA

La proverbial lanza es una de las armas de guerra más antiguas, por lo que el pasado y las tradiciones siempre le pesarán y le llamarán para que las cumpla. Arma ritual donde las haya, a menudo está lista para la conquista o para la defensa, enhiesta y dispuesta para luchar por lo que cree santo y justo.

LOS HOMBRES LANZA

Nadie como los hombres lanza para escalar las montañas de la vida y llegar hasta su cima, a pesar de los peligros, golpes y caídas que ello conlleva; de apariencia fría y descreída, pero no distante, porque su mente y sus sentimientos son casi del todo racionales, aunque la pequeña parte emocional de sus corazones puede derrotarlos y robarles, o llenarlos de alegría.

LAS MUJERES LANZA

Ellas a menudo van a contracorriente, tan duras de piel y frágiles de mente y de huesos como los hombres lanza, pero aun menos emocionales que ellos, porque quieren tenerlo todo y experimentarlo todo. Son grandes luchadoras, por supuesto, pero no es raro que su ánimo se venga abajo cuando no tienen metas que cumplir.

Detalle de una lanza medieval árabe.

SU ROCA

Su talismán más efectivo es la roca pura y dura, la piedra gris del llano o de la montaña, sin visos de lujo o de preciosura sino tal cual es la vida, única y diferente a todas las piedras, duradera, fiel, leal, tozuda, fuerte, expresando la verdad y alejándose de las máscaras de la mentira.

Su destino

Las personas lanza han nacido para llegar muy lejos, para tener retos y metas en la vida; para lograr triunfos, reconocimientos y premios, y nunca para pasar desapercibidas, por discretas que sean. A pesar de todo ello, pueden ser las personas menos presumidas, creídas o prepotentes del mundo, pues la simple sencillez es su carta de presentación. No hay campo de la vida que se les resista.

Su salud

La salud de las personas lanza no es la mejor del orbe, pero sí la más longeva y duradera, pues su duro cuerpo a menudo tiene fallos estructurales o de sistema orgánico. Los huesos y los cartílagos son su punto débil, pero también están expuestas a todo tipo de aplastamientos, cortes, caídas y roturas; y no siempre les funcionan muy bien ni los sueños ni la mente.

Su fortuna

Tanto por sus méritos, como por una alianza que mantienen con la fortuna desde su nacimiento, tendrán una base sólida que podrá ir creciendo con los años y que difícilmente se perderá a pesar de los errores que cometan. Dones y méritos no les faltan, y pueden ser desde humildes esclavos hasta grandes potentados, a los que no les falta nada.

Sus amores

Sus amores suelen ser raros, a contracorriente, desfasados, con claras diferencias de clases o de edades, y hasta curiosos y contrariados, pero en el fondo muy tradicionales y con deseos de formar una familia grande y fuerte, aunque eso no dependa de ellos mismos sino de su suerte, de la cual casi nunca son conscientes.

HONDA

La honda es el arma más humilde, pero a menudo la más eficiente y la más económica, pues un simple guijarro puede convertirse en un proyectil de muerte, como en el caso de David contra Goliath. A la honda no le hace falta más que un impulso decidido para volar lo más alto y lo más lejos posible.

LOS HOMBRES HONDA

Los hombres honda a menudo parecen estar en otro mundo, y pasan por ser serios, distantes y discretos ante los demás, pero gozan de un gran sentido del humor y son muy humanitarios y hasta hospitalarios. Se dice que son intelectuales e inteligentes desde su más tierna infancia, como si hubieran nacido sabiendo cosas que ni los adultos entienden o saben.

LAS MUJERES HONDA

Por su parte, las mujeres honda, que pueden parecer muy agradables y de trato fácil, en realidad son duras como el acero y poco dadas a confianzas personales, pues les gusta dirigir y mandar, pero no obedecer. No es falta de humildad ni exceso de soberbia, les sale natural, como la danza o como la gimnasia, que pueden dominar sin problemas.

Su roca

Y también su mejor talismán, son las piedras metálicas de un gris brillante, que contengan hierro o cualquier otro metal, pues le hacen elevar su nivel, ya de por sí elevado, de espiritualidad y de intelecto, que los lleva a descubrir tanto el remoto pasado como el más lejano futuro, además de darles fuerza vital y protegerlos en sus viajes y en sus vuelos.

La humilde y peligrosa honda.

Su destino

Las personas honda nacieron para ser únicas y diferentes, algo excéntricas, incluso si no se lo proponen, porque lo llevan en la sangre y en el espíritu, tan inquietas y curiosas que siempre andan en busca de lo que no comprenden. Toda ciencia es su campo, y todo arte su refugio, desde lo más tradicional y viejo hasta lo más revolucionario, futurista o moderno.

Su salud

Llena de achaques menores y mayores desde la infancia hasta la vejez, porque el cerebro y todas sus funciones son su punto débil, junto con los sentidos y el exceso de lucidez, que rara vez comprende el absurdo mundo en el que vive. Esto no les impide ser grandes guerreros o deportistas, y bastante longevos.

Su fortuna

A menudo ni siquiera tienen que luchar por ella, ya que les llega en pequeñas o grandes cantidades sin que lo pidan siquiera. Son muy inteligentes, pero no son buenos para los negocios ni para el comercio, aunque a veces lo intentan, y mucho menos para recorrer el mundo en una caravana por el desierto en busca de tesoros, contrabando o aventuras, que a veces también lo intentan.

Sus amores

Excéntricos como ellas y ellos mismos, porque la gente honda parece fría, lista y calculadora, pero por un simple enamoramiento pueden buscarse la ruina, de la misma manera que un gran amor fuerte y seguro puede pasarles desapercibido, por lo que generalmente se contentan con la soledad o con un término medio nada interesante, pero familiar y duradero.

HACHA

El hacha puede ser muy radical, desde lo más duro y cruel hasta lo más sensible, desde lo más constructivo hasta lo más destructivo, y desde lo más amenazante hasta lo más protector, todo depende de la mano que la utilice y del tipo de hacha que sea, porque, al menos en el mundo árabe, las hay de muchas formas y estilos.

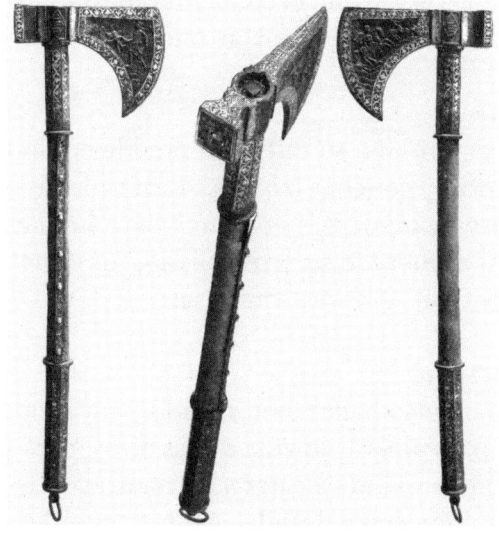

El hacha, amable y peligrosa al mismo tiempo.

LOS HOMBRES HACHA

Los hombres hacha son como la misma herramienta o arma, todo depende del momento y del uso que se les dé, ya que pueden ser los más amables, generosos y protectores como los más volubles, caprichosos y destructivos, tanto para los demás como para con ellos mismos. Fuertes y decididos, o timoratos y cobardes.

LAS MUJERES HACHA

Las mujeres Hacha son todo emociones y sentimientos, gráciles en la danza y expresivas en los momento más felices o dramáticos de la existencia, pero igualmente destructoras si se llega el momento, o si los celos les arrebatan el conocimiento. Bellas y atractivas, pero con doble filo. Hay que estar atento.

SU ROCA

Que es también su talismán predilecto, son las rocas, piedras y conchas marinas, tornasoladas o grises, de colores o blancas, pero cercanas a la playa, pues con ellas aumentan su sensibilidad, sus dones artísticos y hasta sus grandes empresas.

SU DESTINO

Las personas hacha han nacido para ayudar a los demás, para alegrar la vida de los otros, para salvar a los perdidos y para rescatar a los náufragos de la vida, pero también están dotadas para las grandes empresas y los grandes negocios, a pesar de sus riesgos. No hay plano de la vida que se les resista, y pueden triunfar o fracasar (para levantarse de nuevo) en todo lo que se propongan.

SU SALUD

La salud mental y emocional es su punto flaco,

así como el hígado y los pies, pero tienen una gran capacidad de superar sus males, incluso los peores, pasado un tiempo, que es su mejor medicina. Saben curar a los demás y curarse a sí mismos, menos en lo que a sentimientos se refiere.

SU FORTUNA

Pueden vivir en la más profunda de las miserias y marginalidad, como pueden hacerlo en las más altas cotas de la riqueza, y pasar de una a otra en muy poco tiempo. Su generosidad puede arruinarlos o darles la gloria, lo mismo que su arte y sus conocimientos, porque a menudo son envidiados por los demás, y si dicen la verdad pueden ser repudiados por los hipócritas, que son legiones y regimientos.

SUS AMORES

Las personas hacha se suelen enamorar profundamente, porque las pasiones y las emociones les fluyen por los poros y les recorren todo el cuerpo, pero no siempre encuentran comprensión ni correspondencia a sus sentimientos. No son del todo fieles, pero sí leales, y los celos los consumen hasta la tragedia, por lo que deben aprender a disfrutar solo del momento presente del amor y olvidarse de lo demás, que para hacer un buen matrimonio siempre están a tiempo.

La mitología árabe está llena de símbolos astrológicos y esotéricos, religiosos y espirituales, donde el hambre, la riqueza, la pobreza, el comercio y el amor siempre están presentes, mucho más que la guerra y la muerte, a pesar de la propaganda negativa que se le hace en Occidente.

CALENDARIO ÁRABE Y ASTROLOGÍA

Todos los calendarios del mundo son más o menos arbitrarios, aunque se basen en ciclos solares, lunares o venusinos, porque cada cultura le pone nombre a los días, los meses y las fechas que se celebran dentro de ellos, y no es lo mismo el calendario gregoriano que el calendario juliano, ni es lo mismo el calendario sumerio o egipcio que el calendario árabe.

CORRESPONDENCIAS ENTRE
ASTROLOGÍA ÁRABE Y ASTROLOGÍA OCCIDENTAL

A pesar de ello, se conjetura que los signos del horóscopo árabe tienen la siguiente correlación con la astrología occidental, o egipcia, o sumeria, o hindú o hriega, por lo que los signos árabes serían la correspondencia de los signos que conocemos hoy en día:

Aries sería la correspondencia de Puñal.

Tauro sería la correspondencia de la Clava.

Géminis sería la correspondencia de la Maza.

Cáncer sería la correspondencia del Cuchillo.

Leo sería la correspondencia del Alfanje.

Virgo sería la correspondencia de la Cimitarra.

Libra sería la correspondencia de la Cadena.

Escorpio sería la correspondencia de la Daga.

Sagitario sería la correspondencia del Arco (y la única que comparte símbolo).

Capricornio sería la correspondencia de la Lanza.

Acuario sería la correspondencia de la Honda.

Piscis sería la correspondencia del Hacha.

El problema de este tipo de correspondencias es que el calendario árabe es lunar, de doce meses de 29 y 30 días cada uno, sí, pero de solo 354 o 355 días al año, por lo que los signos y las celebraciones se van recorriendo año tras año, y cada tercer año ganan una nueva posición mensual; es decir, que cada treinta o treinta dos años, más o menos, vuelven a la posición inicial donde podrían compararse con las fechas de los signos zodiacales de Occidente.

Obviamente, para las mitologías y las supersticiones estas nimiedades son cosas que carecen de importancia, y Aries se puede considerar Puñal aunque este año le tocaría ser Hacha, y Tauro se puede sentir Clava, aunque el día de su nacimiento estaba más cerca de ser Lanza.

De hecho, tampoco la astrología occidental sigue el verdadero derrotero de los astros, y ya lleva un desfase de quince días con las posiciones de las estrellas, con lo que muchos Virgo de antaño son los Leo de hoy en día, y los Escorpio apenas si llegan ser algo de Libra.

Los sabios astrónomos árabes del Medievo ya lo sabían: que hay un desfase en lo que se ve a simple vista en el firmamento con lo que se ve con un buen telescopio, y que a menudo lo que vemos en el cielo es el pasado de los astros, y no un anuncio de futuro para nuestro mundo.

Pero la mitología es lo que es, y funciona a las mil y una maravillas, bajo la premisa de que "si te empeñas en creerlo, hasta lo más fantástico e imposible va a resultar ser cierto, palpable y verdadero."

Epílogo:
El sueño milenario

Los sueños son
una realidad paralela
que convive con otros mundos,
donde se encuentra tu espíritu
y el maravilloso lugar
donde tu alma se reconforta.

Proverbio árabe

La exquisita cultura árabe dista mucho de los radicalismos que conocemos hoy en día, como se puede leer en esta *Mitología árabe*, y vale la pena mantenerla viva, gozarla, compartirla y, sobre todo, no olvidarla por intentar encajar en un mundo occidental, no hace falta.

Desde los beduinos, los originales hombres del desierto de la península arábiga, hasta los grandes sabios árabes del Medievo, contribuyeron para crear los mitos y leyendas que han seducido al mundo entero, con *Las mil y una noches* como estandarte, y sus enseñanzas elevadas, sus aventuras, sus poemas y hasta sus conocimientos científicos y matemáticos tan adelantados a su época.

Si quieres subir a la alfombra mágica y voladora de la imaginación, y descubrir los secretos y misterios del amor y del alma, basta con adentrarte en las páginas de esta mitología árabe y abrir la puerta de los sueños.

No esperes más, pues, como dicen en la red:

-Los hindúes esperan a Kalki desde hace 3700 años.

-Los budistas esperan a Maitreya desde hace 2600 años.

-Los judíos han estado esperando al mesías, pues no lo fue Jesús, durante más de 2500 años.

-Los cristianos han estado esperando el regreso de Jesús, que sí es su mesías, durante casi 2000 años.

-Los milenaristas están esperando desde hace 1700 años el Apocalipsis para que Satanás o Cristo tomen las riendas de la humanidad durante mil años y por fin llegue la salvación, o la condena, el Día del Juicio Final.

-Los suníes han estado esperando al profeta Issa durante 1400 años, para que el islam sea la única religión del mundo.

-Los musulmanes, en general, esperan a un mesías de la línea y genealogía del profeta Mahoma desde hace 1300 años.

-Los chiitas, aunque son minoritarios en el islam, han estado esperando a Mandí durante 1080 años.

-Los drusos, que casi nadie conoce, han estado esperando a Hamza ibn Ali durante los últimos 1000 años.

-Los mexicas están esperando el regreso de Quetzalcóatl desde hace 500 años, porque Hernán Cortés no resultó ser nada divino.

Y los años pasan y pasan sin que llegue mesías alguno, salvador y verdadero, que saque o redima a la humanidad de sus múltiples pecados y defectos, porque lo que no haga y rectifique la humanidad por sí misma, como diría Simbad el marino, no habrá Alá, Jehová o Dios que lo enderece.

Los beduinos, incluso sin religión que los empujara al bien, lo tenían muy claro desde el principio de los tiempos, la responsabilidad espiritual, anímica, mental y material es personal y exclusiva de cada hombre y mujer que nace en esta Tierra, y a ella se llega con bondad, actividad, amor, sinceridad, honradez y hospitalidad.

Como decían los persas: "habla bien, piensa bien y actúa bien, y así derrotarás al mal y no habrá demonio que te tiente ni te mal aconseje."

No esperes más, vuela alto hoy mismo

La mitología árabe te lo dice claramente: "no esperes más a que te salve nadie, pues solo tú puedes salvarte a ti mismo, con la razón, con la fantasía, con el amor, con la belleza y hasta con los mitos y las leyendas que guíen a tu corazón hacia el más elevado de los destinos."

Bibliografía

Abdullah, Achmed. *El ladrón de Bagdad*, Toray Ediciones, Barcelona, 1975.

Anónimo. *Las mil y una noches*, Plutón Ediciones, Barcelona, 2019.

Mahoma. *El Corán*, Plutón Ediciones, Barcelona, 2019.

Salomón, Rey. *Las clavículas del Rey Salomón*, Humanitas, Barcelona, 1992.

Tapia Rodríguez, Javier. *Mitología de H.P. Lovecraft*, Plutón Ediciones, Barcelona, 2021.

Zamora, Rubén. *Meditaciones con ángeles*, Plutón Ediciones, España, 2024.
Satanás, el arcángel del mal, Plutón Ediciones, España, 2024.

ÍNDICE

SERIE
MYTH☉S

La exquisita cultura árabe dista mucho de radicalismos, como se puede leer en esta *Mitología árabe*, y vale la pena mantenerla viva, gozarla, compartirla y, sobre todo, no olvidarla por intentar encajar en un mundo occidental, no hace falta. Desde los beduinos, los originales hombres del desierto de la península arábiga, hasta los grandes sabios árabes del Medievo, contribuyeron para crear los mitos y leyendas que han seducido al mundo entero, con *Las mil y una noches* como estandarte, y sus enseñanzas elevadas, sus aventuras, sus poemas y hasta sus conocimientos científicos y matemáticos tan adelantados a su época. Si quieres subir a la alfombra mágica y voladora de la imaginación, y descubrir los secretos y misterios del amor y del alma beduina, basta con adentrarte en las páginas de esta mitología árabe y abrir la puerta de los sueños. La mitología árabe te lo dice claramente: "no esperes más a que te salve nadie, pues solo tú puedes salvarte a ti mismo, con la razón, con la fantasía, con el amor, con la belleza y hasta con los mitos y las leyendas que guíen a tu corazón hacia el más elevado de los destinos."

ISBN 978-84-10233-56-0
9 788410 233560

Plutón
Ediciones